A Walk in the Spirit World

めくるめく新世界へ

霊界散歩

大川隆法

まえがき

昨年出版した『神秘《しんぴ》の法――次元の壁《かべ》を超《こ》えて――』（幸福の科学出版刊）は、年間大ベストセラーとなり、たくさんの読者から反響《はんきょう》が寄《よ》せられた。なかでも続編《ぞくへん》を望む声がとりわけ多かった。そこで、「死後の生命」をテーマにとった前作に続き、「死後の生活」をテーマとして、第二弾《だん》を刊行することとした。

『霊界散歩《れいかい》』とは、実に不思議《ふしぎ》な題である。しかし、私にとっては、霊界体験とは、ちょっと庭に出るぐらいの自然な感覚《かんかく》なのである。だが、多くの読者にとっては、本書は、光のまぶしい、めくるめく新世界への案内書となるであろう。内容に関しては、私が体験したことや、私が真実だと考えていることを、臆《おく》することなく述《の》べた。この内容が、三十世紀には、科学的常識《じょうしき》にもなっているであろう。

この『霊界散歩』が、今秋上映《じょうえい》予定の、私が製作総指揮《せいさくそうしき》する映画「永遠の法」のガイドブックも兼《か》ねることができれば幸いである。

二〇〇六年　三月

幸福《こうふく》の科学《かがく》グループ創始者兼総裁《そうししゃけんそうさい》　大川隆法《おおかわりゅうほう》

霊界散歩　目次

第2章　死後の生活

第3章　霊界《れいかい》の不思議《ふしぎ》（質疑応答《しつぎおうとう》）

7
転生輪廻《てんしょうりんね》と魂《たましい》の進化　217

第4章　最新霊界《れいかい》事情

第1章 あの世への旅立ち

1　死後の世界は確実《かくじつ》にある

なぜ「生《しょう》」「老《ろう》」「病《びょう》」「死《し》」の苦しみがあるのか

私の著書《ちょしょ》『永遠《えいえん》の生命の世界』（幸福の科学出版刊）は、主として、「この世からあの世への移行《いこう》」ということを中心論点《ろんてん》としたものです。

同書の「まえがき」には、「ゴータマ・シッダールタ（釈尊《しゃくそん》）は、人間にはなぜ『生《しょう》』『老《ろう》』『病《びょう》』『死《し》』の四苦《しく》の苦しみがあるのか、その問いへの答えを求めて出家《しゅっけ》した」「本書が、釈尊の疑問《ぎもん》への答えである」と書いてあります。

『永遠の生命の世界』は、釈尊の時代に遡《さかのぼ》って、釈尊の出家時の疑問に答える内容《ないよう》になっているのです。

釈尊は、インド亜大陸《あたいりく》の中央部分にあったカピラヴァスツに程近《ほどちか》い、母親の実家近くのルンビニーという所で、母親の里帰りの途中《とちゅう》で生まれました。現在《げんざい》、そこはネパール領《りょう》で、インドとの国境《こっきょう》の近くです。カピラヴァスツは、その跡《あと》とされる遺跡《いせき》がネパールとインドにあり、どちらが本物かで両国が揉《も》めています。

現在の地理概念《がいねん》からすれば、そのあたりは北インドに相当するのかもしれませんが、釈尊が生まれた当時は、「インドの中央部」という意識《いしき》があったようです。

釈尊は、出家して、マガダ国やコーサラ国などのガンジス河中流域《ちゅうりゅういき》、典型的に「中《なか》インド」と言われていた地域《ちいき》を中心に活躍《かつやく》しました。

その釈尊が出家をする際《さい》の最大の疑問の一つと言われているのが、「生」

「老」「病」「死」の四苦、「人は、なぜ、生まれ、老い、病《やまい》になり、死ぬのか」ということへの疑問です。人生そのものの存在《そんざい》への疑問と言ってもよいかもしれません。

それが、釈尊が出家時に答えを求めていた問題です。その問題について、私は、『永遠の生命の世界』という本のなかで、さまざまなかたちで答えてみたのです。

肉体的な死があって、あの世に移行《いこう》できるのは幸福なこと

『永遠の生命の世界』の第1章「死の下《もと》の平等」では、生命の不思議《ふしぎ》に触《ふ》れながら、「人間は百パーセント確実《かくじつ》に死ぬことになっている存在なのだ。誰《だれ》も死から逃《のが》れることはできないのだ」ということを明言しています。

逆《ぎゃく》に言えば、「『死すべきもの』と思って人生観を立てよ」ということで

す。「『自分は、やがて必ず死ぬのだ』ということを前提《ぜんてい》にして、人生観を立てて生きていきなさい」と述《の》べているのです。

「死後の世界は確実にある」ということを、私は繰《く》り返し何度も述べています。これは、私のように霊的《れいてき》実体験のある人間が言わないかぎり、説得力がないので、いろいろな折に訴《うった》えていきたいと考えています。

人間は、この世に生まれると、この世の生命に執着《しゅうちゃく》し、「二百歳《さい》まででも三百歳まででも生きたい」という気持ちが強くなりますが、この世で二百年も三百年も生きたならば、実際《じっさい》には大変でしょう。友達《ともだち》も知り合いも、みな死んでいなくなり、悲しい思いをするだろうと思います。

「人間とは何か」「人生とは何か」というと、結局《けっきょく》、自分の一生の記憶《きおく》です。

古い記憶がずっと詰《つ》まったままで生きていると、新しい時代に適応《てきおう》、対《たい》応《おう》していくことは、なかなか難《むずか》しくなってきます。

年を取ると、最近のことは忘《わす》れて、昔《むかし》のこと、何十年も前のことを鮮《あざ》やかに思い出すようになります。「子供《こども》が小さかったころや自分が若《わか》かったころのことなど、三十年も五十年も前のことを、つい先日のことのように思い出し、繰り返し言えるけれども、最近の十年ぐらいのことは、あまり覚《おぼ》えていない」というようなことが多くなるのです。

死は悲しいものですが、より大きな目で見れば、「肉体的な死があって、あの世に移行できることは、幸福なことなのだ」と捉《とら》えるべきなのです。

堕胎《だたい》によって人生の混乱《こんらん》が数多く起きている

人間は、生まれてくるとき、泣きながら生まれてきます。死ぬときにも、泣きながら死んでいったり、あるいは、周《まわ》りの人たちが泣きながら見送ったりしています。しかし、どちらも、ある意味では誤解《ごかい》なのです。

泣きながら生まれてくるのは不思議な感じがします。人は、喜び、笑《わら》いながら生まれてきてもよいのに、なぜか泣きながら生まれてきます。

実は、十月十日《とつきとおか》、お母さんのおなかのなかにずうっといて、真っ暗ななかで、この世に生まれてくるときを待っていた、その孤独《こどく》な悲しみ、「無事に生まれることができるだろうか」という不安や恐怖心《きょうふしん》、それらから解《と》き放たれた喜びが、泣き声になって表れてくるのです。

母胎《ぼたい》のなかにいるときだけでなく、天上界《てんじょうかい》で親子の約束をし、母胎に宿る前に、生まれ変わるための準備《じゅんび》をしているときにも、無事に生まれることができるかどうか心配です。

特《とく》に、現代《げんだい》の日本のように、いわゆる堕胎《だたい》（人工妊娠中絶）の多い国では、親子の約束があっても、母胎に宿ってみたら、親が子供を堕《お》ろしたくなる場合もあるので、実際に生まれられるかどうかが、なかなか分かりません。

お母さんが、「妊娠したけれども、私は仕事を持っているから堕ろしたい」と言い出したり、お父さんが、「子供は要《い》らない」と言ったりして、堕ろされてしまうことがあるのです。子供の魂《たましい》のほうは、「そんなばかな」と言っているのですが、聞いてはもらえません。

日本には昔から間引《まび》きの習慣《しゅうかん》があるため、母親は胎児《たいじ》を自分の臓器《ぞうき》の一部のように思っていることが多いのです。そのため、「胎児を捨《す》てる」ということについて、それほど重大なこととは考えず、罪悪感《ざいあくかん》もあまりないのでしょう。

その意味では、少子化による人口減少《げんしょう》も、ほとんど堕胎の問題であり、調整は可能《かのう》だと思います。

堕胎によって、そのあと人生の混乱《こんらん》が数多く起きているので、ほんとうに困《こま》っています。

どうしてもしかたのない場合はあるでしょうが、愛し合っているカップルのあいだにできた子供であるならば、できるだけ生んで、育ててあげていただきたいと思います。

いまは、「子供一人を育てるのに、最低でも一千万円から二千万円の費用がかかる」と言われていますが、それくらいは何とかできない額《がく》ではありません。愛し合っている者同士のあいだにできた子供であれば、なるべく生んでいただきたいし、生まれてくる子供のほうも、そういう気持ちでいるのです。

死後の旅立ちは、あの世への入学式

人間は、生まれてくるときに、泣きながら生まれてくるわけですが、死ぬときは、誰もが、ほんとうに悲しみます。動物も、死を悲しんでいるように見えます。

なぜ、死というものが、そんなに悲しいのでしょうか。

何十年か生きているあいだに、「意外に住み心地《ごこち》がよい」ということで、この世に対する執着も出てくるし、自分が馴染《なじ》んできた家や家族、友達など、いろいろなものを懐《なつ》かしむ気持ち、それと離《はな》れたくない気持ちがあるために、悲しくなるのです。

死後の旅立ちは、ある意味で入学式なのです。「幼稚園《ようちえん》から小学校に上がる」というような意味での入学式です。ただ、それよりも、もう少し断《だん》

絶感《ぜつかん》があります。

死後の世界については、話としては聞いていても、現実《げんじつ》に自分が死ぬ段《だん》にならないと、なかなか、確実なものとして信じられないものです。

たとえば、小学校から入学式の通知が来ても、それだけでは入学の実感がありません。「実際に、制服《せいふく》を着て、ランドセルを背負《せお》い、桜《さくら》の木の下を歩き、校門をくぐって、紅白《こうはく》の横断幕《おうだんまく》がかかっている所を通《とお》り、入学式に出て、校長先生の挨拶《あいさつ》を聴《き》き、先輩《せんぱい》たちに迎《むか》えられる」という経験《けいけん》をしないと、実感が出てこないのです。

それと同じように、死後の世界についても、話として聞いたり、活字として読んだりしていても、それは入学式の通知が来ているだけのようなものので、実感が湧《わ》かないという面はあるでしょう。

これは、ある意味で、しかたがないことかもしれません。「この世で何十年か生きているあいだに、本来の世界の価値観《かちかん》を忘れていた」ということです。

そういう、しかたがない面はあるにせよ、できれば、「死後の世界が実《じっ》相《そう》の世界であって、この世は仮《かり》の世界であるのだ」という、仏教的《ぶっきょうてき》な実相観を、絶《た》えず念頭に置《お》いていただきたいのです。

いつ死んでもいいような気持ちで生きる

仏教的な悟《さと》りの理想を言えば、「いつ死んでもいいような気持ちで生きる」ということが大事です。

釈尊は、「この世は、いつ去ることになるか分からない、無《む》常《じょう》の世界である。しかし、この世を去ると、本来の世界に還《かえ》れるのだから、いつ去ったとしても悔《く》いのない生き方をしなさい。この世に対する執着《しゅうちゃく》を捨てなさい」ということを、繰り返し説《と》いていたのです。

生と死についての霊的な実相を見ると、「それが、いかに正確《せいかく》な正しい教えであったか」ということが、よく分かります。

「生《せい》への執着が死後の世界への移行を妨《さまた》げる」ということを、これほど明確に説いた教えが、はたして仏教以外の宗教《しゅうきょう》にあったでしょうか。信仰《しんこう》を説いたものは数多くありますが、これほどはっきりと霊的な実相を知っていた教えが、仏教以外にあったでしょうか。

釈尊の時代から二千五百年たった現在でも、現実に、いろいろな人々が生き、そして死んでいく姿《すがた》を見てみると、「まさしく、この世への執着が問題なのだ」ということがよく分かります。

「この世への執着を断《た》って、安らぎの世界に入る」という、心の修行《しゅぎょう》をしていれば、涅槃《ねはん》の世界に入れます。

しかし、その修行をしていない人の場合は、どうしても、この世に執着するため、なかなか、あの世への移行がスムーズではないのです。

この世以外の世界の存在を信じることができず、この世以外の世界があったら困る人がいたならば、「地獄《じごく》に行くのは、あなたです」ということです。自分の心を振《ふ》り返って、「この世以外の世界が、ほんとうにあったら困る」と、心底《しんそこ》、思うのであれば、「あなたは危《あぶ》ない」と言っておきたいのです。

「あの世があっても困らない」と思う人は、だいたい正しく生きていると言ってよいでしょう。しかし、「あの世があったら困る」と思う人は大変です。激《はげ》しく厳しい反省をしていただきたいと思います。死後における反省の取り組みも非常《ひじょう》に苦しいものになる可能性《かのうせい》があります。

ただ、死後、すでに霊的世界に入ってから、そういう修行をするよりも、肉体を持っている、三次元という物質《ぶっしつ》世界において、霊的世界についての悟りを持つことのほうが、魂的には、はるかに尊《とうと》いのです。

「この世に生きているあいだに、目に見えないものを信じ、真理を体得して生きる」ということが、今世《こんぜ》の修行のなかで得《え》られる珠玉《しゅぎょく》の教訓です。できれば、この世に生きているあいだに、それを手にしていただきたいと思います。

仏教が教えていることは、そういうことなのです。ほんとうに簡単《かんたん》なことであり、それが数多くのお経《きょう》になったりしているわけです。

仏教学者や僧侶《そうりょ》はたくさんいますが、彼《かれ》らの多くは、どうしても発想の転換《てんかん》ができず、この基本的《きほんてき》なところ、こんな簡単な真理が分かりません。それが分かるためには、この世を中心とした発想を転換しなければいけないのです。

この世での生き方が死後に判定《はんてい》される

仏教は、「諸行《しょぎょう》は無常である」「この世は仮の世である」と、繰り返し説いています。

それは、どういう意味かというと、「本来の世界は、あの世の世界であり、この世には、海外旅行のように、一時期、来ているだけなのだ。赤ちゃんとして生まれて、人生修行をし、いろいろな人と出会い、さまざまな経験をしながら、新しい人生を築《きず》き、新しい個性《こせい》を身につけて、あの世に還《かえ》る。そういう修行をするために、この世に来ているのだ」ということです。

この認識《にんしき》を、きちんと持っていただければよいのですが、学校の教科書や参考書には、どれを読んでも、このようなことを書いてあるものはありません。そのため、「古い時代の人の思想だ」「迷信《めいしん》だ」と思っている人のほうが多いのではないでしょうか。

しかし、厳しいことに、死後には、「その人の、この世における思いと行い、考えたことと行動したことが、真理価値に照《て》らして、どうであるか」ということが的確に判定《はんてい》されます。

これは、仏教だけでなく、エジプトの古代の宗教でも説かれています。「その人が善人《ぜんにん》であるか悪人であるかが、死後に正義《せいぎ》の秤《はかり》で量《はか》られる。その結果《けっか》を記録しているのはトート（トス）という神である」ということが壁画《へきが》などに描《えが》かれています。

古代のイランの宗教でも同様です。ゾロアスター教では、「あの世に渡《わた》るときには橋の上を歩いていく。悪人の場合には、その橋が剣《けん》の刃《は》のように細くなり、その人は下に落ちてしまう。善人の場合には、その橋をそのまま通ることができる」と説かれています。これは、あの世に渡るときの裁《さば》きの厳しさを言っているのでしょう。

そのような話は、あちこちに遺《のこ》っています。

ところが、現代の知識人《ちしきじん》たちは、「それは昔話や迷信である。人々に、悪いことをせず、よいことをするようにさせるための、道徳的《どうとくてき》なたとえ話である」と考えています。しかし、その考えは間違《まちが》いであり、そういう話は、ほんとうのことなのです。

複雑《ふくざつ》なことが、ほんとうなのではなく、単純《たんじゅん》なことが、ほんとうなのです。物事は単純に考えたほうがよいのです。「単純なことが、ほんとうなのだ」ということを知っていただきたいと思います。

2　霊体《れいたい》には死後しばらく肉体の影響《えいきょう》が残る

この世的な生《せい》だけにこだわってはいけない

最近は臓器移植《ぞうきいしょく》関連のことが大きな問題になっています。

「臓器を移植すれば助かる人がいるのだから、事実上、死んでいる人から臓器を取り、それを移植して、何が悪いのか」という考え方は、唯物的《ゆいぶってき》に考えれば、よく分かるし、その考え方のなかに愛の心があることも分かります。ただ、「それは霊的実相《れいてきじっそう》がまったく分かっていない考え方である」と言わざるをえないのです。

ところが、「人間が死ぬとは、どういうことか」ということを知っている人は数が少なく、知らない人がほとんどなので、多数決の世界では、とても太刀打《たちう》ちできません。

死後の世界が分からないために、この世はこの世で一生懸命《いっしょうけんめい》にやれるところもあります。誰《だれ》もが死後の世界を知って、そちらのほうに夢中《むちゅう》になりすぎてもいけないので、死が来るまでは分からないようにしている面もあるのです。

しかし、この世的な生《せい》だけに、あまりこだわってはいけません。人間は、この世に生きて、自分がやれることをやり、仏神《ぶっしん》の心に適《かな》った生き方をし、最小限《さいしょうげん》、自分の人生としての悟《さと》りを得《え》れば、それで充分《じゅうぶん》なのです。

その意味では、「足《た》ることを知る」ということが大事です。

この世には、「生《しょう》」「老《ろう》」「病《びょう》」「死《し》」の四苦《しく》の苦しみに加えて、「怨憎会《おんぞうえ》苦《く》」（嫌な人と会う苦しみ）、「愛別離苦《あいべつりく》」（愛する人と別れる苦しみ）、「求《ぐ》不得苦《ふとくく》」（求めても得られない苦しみ）、「五陰盛苦《ごおんじょうく》」（肉体煩悩《ぼんのう》が燃え盛って、思うようにならない苦しみ）があります。こういう四苦八苦《しくはっく》の苦しみから、この世の人間は、そう簡単《かんたん》には逃《のが》れられません。

この苦しみから逃れるためには、霊的な人生観を持ち、実相の世界の視《し》点《てん》から、この世を捉《とら》え直すことが極《きわ》めて大事なのです。

釈迦仏教《しゃかぶっきょう》が説《と》いていることを、つぶさに読んでみると、「この世は苦しみの世界である」ということも説いていますが、最終的には、「執着《しゅうちゃく》を断《た》て」ということを、繰《く》り返し、いろいろなかたちで説いています。

これを道徳的《どうとくてき》な教えと捉えたら、それまでですが、これは、実際《じっさい》に、この世からあの世へ、異次元《いじげん》へと移《うつ》っていく際《さい》に必要《ひつよう》なことなのです。

宇宙《うちゅう》ロケットは、成層圏外《せいそうけんがい》に出るまでのあいだに、さまざまなものを切り離《はな》して捨《す》てていきますが、それと同じように、高次元《こうじげん》の世界に還《かえ》るためには、この世的なるものを、できるだけ捨てていかなければなりません。この世的な執着を捨てなければならないのです。

臓器移植《ぞうきいしょく》をするなら霊的な真相を知った上で

臓器移植《ぞうきいしょく》は、臓器の提供者《ていきょうしゃ》が、執着を持たず、愛の行為《こうい》として、「他《た》の人にあげたい」という純粋《じゅんすい》な気持ちで行うなら、悪いことではないようにも思えます。

しかし、実際には、死んでも、すぐには自分の死に気づかない人がほとんどであり、死後、スムーズにあの世へ移行《いこう》することができず、しばらくのあいだは、何が何だか分からない混沌状態《こんとんじょうたい》に置《お》かれることが多いのです。

その段階《だんかい》で、生前《せいぜん》は「自分の臓器を他の人にあげよう」と言っていた人が、ほんとうに自分の臓器などに執着を持っていないかというと、疑問《ぎもん》があります。たいていの場合は、肉体への執着があるので、移植先の人のところへ魂《たましい》も引《ひ》っ越《こ》し、その人に取《と》り憑《つ》きます。

臓器を貰《もら》う側《がわ》にとっては、「庇《ひさし》を貸《か》して母屋《おもや》を取られる」ではありませんが、「臓器を貰って体を取られる」ということになるのです。その結果《けっか》、「臓器を貰うと、人格《じんかく》が変わり、別人《べつじん》のようになってしまう」ということが数多く起きています。これについては真相を知っておいたほうがよいでしょう。

臓器移植によって、「拒絶反応《きょぜつはんのう》」が起きることもありますが、「人格が変わる」という例も多いのです。これは臓器提供者の霊《れい》に完全憑依《ひょうい》をされることが原因《げんいん》です。しかし、その霊は簡単には追い出せません。「この臓器は私のものだ」と言い張《は》っており、その主張《しゅちょう》には一定の正当性《せいとうせい》があるので、なかなか追い出せないのです。

魂と肉体とは「霊子線《れいしせん》」（シルバー・コード）というもので一対一に結びついているのですが、臓器を移植された人は、もう一つ、臓器の部分で他の魂と結びつきができるので、どうしても二重構造《こうぞう》の人格になってきます。

臓器を提供してくれた人が、たまたま、天使のような、善意《ぜんい》の人だったらよいのですが、霊的に見て悪い人から臓器を貰う場合も多いでしょう。「やくざの抗争《こうそう》で撃《う》たれて脳死《のうし》状態になった人の心臓《しんぞう》を移植される」ということにでもなったら、たまりません。おそらく、かなりの人格変化を起こすでしょう。

そういう意味で、悪い人の臓器は貰いたくないものです。貰うと、相手の悪い人格がザーッと入ってきてしまいます（中国では死刑囚の臓器を使うという）。

霊は、臓器を提供していなくても、この世の人に憑依するのです。まして や、臓器という足場、橋頭堡《きょうとうほ》があると、非常に強力です。「この世で生きたい」という執着がある霊は、そういう足場があれば、ずうっと居座《いすわ》ります。これは、その霊の意識《いしき》の一部が臓器とともに入っているので、そう簡単には追い払《はら》えないぐらいの強さです。

臓器移植は、霊的な真相をよく知っていないと怖《こわ》いものなのです。臓器移植をするのならば、その辺の真相をよく知った上で行《おこな》ってください。

ある作家と俳優《はいゆう》の死後の様子《ようす》

人間は、死んですぐに、肉体と霊魂《れいこん》が、きれいさっぱりと分かれて、スパッと割《わ》れているような気持ちになるわけではありません。そのことを知ってください。

キリスト教の間違《まちが》いは、ここにあります。キリスト教は、デカルト的な「霊肉二元論《れいにくにげんろん》」をとり、「霊と肉は、まったく別のものであり、両者は関係がない」というように考えています。

しかし、真実は、そうではありません。この点については仏教のほうが詳《くわ》しいのですが、真なる意識の奥底《おくそこ》までのあいだには何重もの精神《せいしん》構造があり、表層《ひょうそう》のほうは肉体意識と同通しているのです。霊体《れいたい》は、そういうものをまとっているので、霊体のほうにも肉体の影響《えいきょう》はそうとう出ます。

たまには、死んですぐに、スーッと上層《じょうそう》の世界まで還《かえ》る人もいますが、普通《ふつう》は、そう簡単にはいきません。たとえ、霊界《れいかい》のことを知識《ちしき》として知っていても、初めて霊界に移行するときには、未体験のことなので、やはり怖いものなのです。

以前、幸福の科学の元本部講師《こうし》である、作家のK・Tさんが亡《な》くなったときに、私は彼《かれ》の霊と話をしたことがあります。

もちろん、彼は、死については生前から学んでいて、知識を持っていたはずです。しかし、彼の場合は、あまりにも突然《とつぜん》に死が来ました。夜中に、たばこの火が何かに燃《も》え移《うつ》って火事になり、一酸化炭素中毒《いっさんかたんそちゅうどく》で失神状態にでもなったのでしょう。冬で空気が乾燥《かんそう》していたこともあり、室内が焼けてしまい、亡くなったのです。死後、彼の霊は私のところへ来ましたが、一カ月ぐらいは、どう見ても、スーッとあの世に移行できる感じはしませんでした。

彼の霊は私の家のお風呂場《ふろば》やトイレなど水場によく出てきたので、「水のある所によく出てくるけれども、どうしたのですか」と訊《き》いたのです。どうも火事で亡くなったので、亡くなるときに喉《のど》が渇《かわ》き、辛《つら》かったようです。そのため、水場によく出てきたわけです。

現在《げんざい》、彼は天使の予備軍《よびぐん》の世界まで還っています。

同じく当会の元本部講師で俳優《はいゆう》のN・Kさんも、亡くなったときに、霊となって私のところへ来ました。彼からのメッセージは、「妻《つま》と娘《むすめ》のことを、よろしく頼《たの》みます。ほかに執着はありません」というものでした。私が、「二人とも、経済的《けいざいてき》には安定しているので、心配しなくて大丈夫《だいじょうぶ》ですよ。安心してください」と答えると、彼の霊は、そんなに長くはいないで帰っていきました。

死の翌朝《よくあさ》に挨拶《あいさつ》に来た元衆議院《しゅうぎいん》議員の霊

二〇〇四年には、元衆議院《しゅうぎいん》議員で、当会の信者でもあったM・Hさんが亡くなりました。

彼が亡くなったのは夜だったのですが、その翌朝《よくあさ》の四時過《す》ぎに、私は

何となく体の調子が悪いので目が覚《さ》め、「何だろう。おかしいな」と思いました。しかし、まだ彼の死を知らなかったので、そのときは体調不良の原因が分からなかったのです。そして、午前六時四十分ぐらいになって、「実は、M・Hさんの霊が私のところに挨拶《あいさつ》に来ていた」ということが分かりました。

私は生前の彼と面談をしたことはなかったのですが、私に挨拶をしに来たところを見ると、信仰心《しんこうしん》はしっかりしていたのでしょう。彼の霊はメッセージを伝えたくて私のところに来たのです。

彼は無口な人で、あまり話さないのです。普通の霊は、「やあやあ、われこそは」という感じで話しかけてくるので、来るとすぐに分かりますが、彼は何も言わずに黙《だま》ってじっとしているので、来ていることがよく分からなかったわけです。

それで、「私に現《あらわ》れている体調不良は、彼が亡くなったときの状態なのだな」と理解《りかい》できました。彼は病院で亡くなったのですが、死ぬときの状態が私のほうに伝わってきたわけです。

死後、一日か二日ぐらいは、死んだときの体の状態を魂のほうも持っています。そのため、たとえ霊子線は切れていても、亡くなった人の魂が私のところにやってくると、その人が死ぬときの症状《しょうじょう》が私の体に現れます。

それは、私の体の異変《いへん》ではなく、私の体に宿った人の症状が現れているわけです。他の人の霊体が私の体に宿ると、その人と同じ症状が私の体に現れるので、「その人が、どのような死に方をしたか」ということが私には分かるのです。

人間には、「安らかに、あの世に旅立つ権利《けんり》」がある

二〇〇三年の夏、私の実の父である善川三朗《よしかわさぶろう》・幸福の科学名誉顧問《めいよこもん》が亡くなったときに、私は帰天式全般《きてんしきぜんぱん》に立ち会いました。

帰天式をするにあたって、名誉顧問の霊から注文がたくさん来て、私は困《こま》りました。帰天式に参加する人について、「あの人は嫌《いや》だ」「あの人はよい」と言ったり、式のやり方について、花飾《はなかざ》りや棺桶《かんおけ》の扱《あつか》いなどを「よい」とか「悪い」とか言ったり、ずいぶん注文の多い霊なので苦労したのです。

その際、私は、ときどき、ひんやりとした冷たさを感じるので、「変だな」と思いました。地獄《じごく》に行く人の葬式《そうしき》であれば、寒い感じのすることはよくあるのですが、名誉顧問が地獄へ行くことはないので、「おかしいな」

と思ったのです。

あとで聞いて分かったのですが、夏なので棺桶にドライアイスが入っていたのです。霊子線がつながっている状態のときは、ドライアイスの冷たさが魂に伝わります。そして、その感覚が私のほうにも伝わってきたわけです。最初は原因が分からなかったのですが、「ドライアイスが入っていた」ということをあとで聞き、「あのひんやりとした感覚は、それが原因だったのか」と合点《がてん》がいきました。

たとえば、「点滴《てんてき》を打っていた」ということなど、死んだときの肉体の状態は、そのまま魂のほうにも伝わります。そのため、死後しばらくは魂にも肉体と同じような状態が続くのです。

死んで、まもない段階では、肉体と霊体とは、まだ、重なっているような状態にあります。その状態で、自分の臓器を取られ、他の人の体に移植された人は、ほぼ間違《まちが》いなく、あの世への旅立ちが妨《さまた》げられます。

死んだばかりの人は、そういう事態《じたい》を受け入れるだけの心の余裕《よゆう》がないのです。死後、あの世へ一直線に還《かえ》れる人はよいのですが、普通の人は、そこまでの悟りを持っていません。そのため、葬儀《そうぎ》のあいだは、お通夜《つや》や告別式の会場、火葬場などを、まだ、うろうろしています。そして、身内の人たちが話していることなどを、ずうっと聴《き》いています。

「死者の霊は、四十九日《しじゅうくにち》を過ぎるまでは、この世にとどまっている」と、よく言われますが、実際に四十九日もとどまっている人は少なく、たいていは二週間ぐらいであの世へ移行します。それまでは、家族の会話などを聴いていることが多く、すぐには、あの世に行きません。

あの世のことを知識として知っていても、「死後、あの世へスーッと一直線に還る」ということは、めったにないのです。やはり、「遺《のこ》された者たちが、どうなるか」ということが心配なので、「どんな話をしているか」と思って、彼らの会話を聴いています。

こういう状態を見るにつけ、私は、「あの世のことを分からずに、いろいろなことをするのではなく、あの世のことをよく分かっている私の言うことを聴いていただきたい」と思います。

いまのところ、人間の権利《けんり》として認《みと》められていないかもしれませんが、人間には、「安らかに、あの世に旅立つ権利」というものがあるのです。

幸福の科学式の葬式《そうしき》も兼《か》ねた説法《せっぽう》

死んだばかりの人は、「この世の人に、いろいろ話しかけても、相手には自分の声が聞こえず、話が通じない」ということに対して、もがき、悔《くや》しがり、残念がっています。

そのため、私が霊と話のできる存在《そんざい》であることを知ると、「自分のメッセージを伝えてほしい」と言ってくる霊人《れいじん》もいます。

しかし、私の周《まわ》りには結界《けっかい》が張ってあるので、通常《つうじょう》は入ってこられません。力の大きい霊が、ときどき、結界を突破《とっぱ》して入ってくることはありますが、普通の霊の場合は、結界の網《あみ》に引っかかって弾《はじ》き飛ばされるので、入れないのです。

私の親戚《しんせき》であっても、亡くなったあと、私のところに来ることができず、一年も二年もたってから、その人の死を私が知ったこともありました。その人の霊は、のちに、私について、「全然、姿《すがた》が見えず、どこにいるのか分からなかった」と言っていました。シールド（防御物）のようなものがあって、霊には私の姿が見えないようになっているのです。

そのように、普通は私にアクセスすることはできないのですが、K・T

さんやN・Kさん、M・Hさんなど、比較的《ひかくてき》有力な人の霊になると、ときどき、結界を突破して入ってくることがあります。

前述《ぜんじゅつ》したように、M・Hさんの霊とも話をしましたが、彼は、お礼を言いたかったようです。「幸福の科学の信者のみなさんに、ずいぶん応援《おうえん》してもらったので、ありがたかった」と言っていました。

そのほかにも、「日本の未来を頼みます」など、政治家として、いろいろなことを言っていました。私は、「『日本を頼みます』と言われても、私には、あまり関係がありませんよ」と言ったのですが、彼は、「そんなことはありません。今後三十年ぐらいは、先生の発言を中心に日本が動いていきますから、よろしく頼みます」と言っていました。

結局《けっきょく》、彼が主として言いたかったことは、「信者のみなさんに、お礼を言いたい」ということと、「私の葬儀《そうぎ》は、ほんとうは、幸福の科学の精舎《しょうじゃ》において、幸福の科学式でやってほしいのですが、政治家やマスコミの人などがたくさん来るので困難《こんなん》でしょうから、しかたなく、お寺でやります。そこで、葬式《そうしき》の代わりに先生の法話《ほうわ》を聴かせてください」ということでした。

そこで、私は、幸福の科学式の葬式も兼《か》ねて、来世の世界についての説法《せっぽう》を行うことになったのです。

そのように、私にとって、霊的な現象《げんしょう》は実にリアルです。そのため、私の側近《そばちか》くにいる人たちは、「霊的なことは実際にある」ということを、現実感《げんじっかん》を持って感じています。

ところが、私から遠くなるにつれて、人々は、霊的なことが、だんだん分からなくなってくるようです。ほとんどの人は、活字で読んだり、ＣＤで聴いたりする範囲相応《はんいそうおう》の実感しかないかもしれません。

しかし、現実《げんじつ》には、この世は、目に見えない世界にある思いなど、いろいろなもので動いています。ほんとうに、この世は、かりそめの世界なのです。

私は、自分でも、「何とも奇妙《きみょう》な仕事をしているな」と思うことがよくあります。霊的世界について、ここまで明確《めいかく》に語れる人は、いま、日本でも世界でも、ほかにいないでしょう。霊能者《れいのうしゃ》は数多くいますが、霊的世界を、ここまで明確につかみ、位置づけ、判定《はんてい》できる人は、私のほかにいるとは思えません。

その意味で、私の仕事の責任《せきにん》は重いと言えます。

私は、あらゆる世界について明確に知っています。この世についても、あの世についても、「仏神の目から見て、どのように判定されるか」ということが分かります。「どうあるべきか」ということを判定できる資格《しかく》を持って、この世界の解明《かいめい》をしています。

これが私の最大の長所でもあるので、それを生かしていきたいと思っています。

3　先祖《せんぞ》の霊《れい》を供養《くよう》するには

その人に分かるかたちで教えを伝える

先祖供養《せんぞくよう》には、なかなか厳《きび》しい面があります。

あの世を信じないまま死に、苦しんでいる人は、あまり行くところがないので、子孫が先祖供養をすると、子孫のところへ行きます。

先祖の霊《れい》が、たとえば血の池地獄《じごく》や孤独《こどく》地獄などで、もがき苦しんでいるときに、地上の子孫が仏壇《ぶつだん》などの前で一生懸命《いっしょうけんめい》に先祖供養をすると、先祖は、自分を助けるための白い縄《なわ》が上からするすると下りてきたように感じます。それをつかんで手繰《たぐ》ると、上がることができるのです。そして、子孫のところに出てきます。

その際《さい》、子孫の側《がわ》に、その先祖を供養して成仏《じょうぶつ》させる力があれば、先祖は救《すく》われますが、その力がないと、子孫が逆《ぎゃく》に引《ひ》っ張《ぱ》り込《こ》まれることも多々あります。

そのため、先祖供養は、しっかりと真理を勉強した上で行《おこな》っていただきたいのです。

死んだ人が霊界《れいかい》についての知識《ちしき》をまったく持っていないと、その人は、私の説法《せっぽう》を聴《き》いても、自分の波動《はどう》と合わないことが分かるだけで、法話《ほうわ》の内容《ないよう》を、すんなりとは理解《りかい》できません。生きている人たちのなかにも、私の説法を聴いて理解できない人がいますが、死んだ人でも、そういう人がいるのです。

したがって、先祖供養の際には、子孫が、亡《な》くなった人のレベルに合わせて、私の説いている教えの一部を噛《か》み砕《くだ》き、その人に分かるようなかたちで伝えてあげることが大事です。

墓参《はかまい》りをしたり、線香《せんこう》を上げたり、仏飯《ぶっぱん》を供《そな》えたりしても結構《けっこう》ですが、そのときに、その人の生前《せいぜん》の生き方で、「この人の間違《まちが》っているところは、たぶん、ここだろう」と思える点について、その人に必要《ひつよう》な真理を、口に出してもよいし、心のなかで言ってもよいので、噛み砕いて話してあげることです。

悟《さと》りの力を強くし、教団《きょうだん》の力とつながる

先祖供養をしているうちに、自分のほうが、体が重くなったり、調子が悪くなったり、寝込《ねこ》んだりするようなら、力不足なのです。

その場合には、幸福の科学の精舎《しょうじゃ》や支部で供養をしたほうがよいでしょう。個人《こじん》では、そう簡単《かんたん》には地獄霊に勝てません。

死というものは人間にとって一大事です。真理を知らない人にとっては、死後の世界に関することは、解決《かいけつ》されていない大問題なので、そういう人は、死んだときには、ほんとうに、びっくり仰天《ぎょうてん》し、「清水《きよみず》の舞台《ぶたい》から突《つ》き落《お》とされたように、突如《とつじょ》、落下して、大慌《おおあわ》てをしている」という状態《じょうたい》になります。そこは、見たことも聞いたこともない世界なので、理解が難《むずか》しいのです。

そういう人を供養するには少し時間がかかり、そう簡単にはいきません。供養をしている自分のほうが、あまりおかしくなるようでは、亡くなった人を助けられないので、まず、生きている人のほうが、できるだけ悟《さと》りの力を強くしていくことが大切です。

そして、教団《きょうだん》全体の力とつながっておくほうがよいのです。教団全体の力とつながっていないと、やはり勝てないことがあります。

先祖供養は、なかなか大変な仕事です。一人を成仏させるだけでも大変です。本人が、生前の苦労など、いろいろなことを、全部、思い出しながら反省し、この世の穢《けが》れや垢《あか》を落とさないと、あの世に旅立てないのです。

人が亡くなったときには、できれば、そういう反省会を地上の人たちがやっていただきたいものです。

4　笑って死ねるような生き方を

『永遠《えいえん》の生命の世界』（前掲）という本について、さまざまなことを述《の》べてきました。

死は厳粛《げんしゅく》なものです。そして、死は、やがて、すべての人に必ず訪《おとず》れます。そのときが来たら、できれば、笑って死ねるようでありたいものです。医学の進歩によって、死ぬ時期を引《ひ》き延《の》ばせるようになったのはよいのですが、その反面、苦しい死に方をすることが多くなってきているので、もう少し楽に死にたいものです。苦しい死に方をすると、死んだあと、しばらくは、魂《たましい》が、あまり見た目のよくない状態《じょうたい》になることが多いのです。

明るく生きて、ある日、霊子線《れいしせん》がプチッと切れるかたちで、あの世へ旅立ちたいものです。

幸福の科学で修行《しゅぎょう》を積《つ》んだ人であれば、死後、一週間とかからずに、すっと天上界《てんじょうかい》に上がっていただきたいと思います。あまり地上でうろうろしないで、帰天式《きてんしき》が終わったころに天上界へ還《かえ》っていただきたいものです。

そのためには、生前《せいぜん》から、執着《しゅうちゃく》の思いを残さないようにしなくてはなりません。できるだけ反省をして、日ごろから執着を落としていくことが大事なのです。

第2章　死後の生活

1　死後のことが分からなくなった現代人《げんだいじん》

本章の「死後の生活」という題は、現代人《げんだいじん》にとって、とても刺激的《しげきてき》な題であり、「ほんとうに、そういうものがあるのだろうか」と思うのが常識《じょうしき》的《てき》な反応《はんのう》でしょう。しかし、それは、「現代の常識が真理から遠ざかっている」ということを意味しているのです。

現代人は、この世のことに関しては、昔《むかし》の人たちが知らなかった、いろいろなことを、かなり詳《くわ》しく解明《かいめい》していますが、肝心《かんじん》の、この世ならざる世界、あの世の世界、死後の世界に関しては、ある意味では、昔の人のほうがよく知っていたと言えます。

死後の世界については、学校や塾《じゅく》では教わらないので、「あの世の世界など、古代人の考えだ」と思い、知らないままで過《す》ごしている人が多いのです。その結果《けっか》、さまざまな混乱《こんらん》が起きつつあるわけです。

死後の世界について、一冊《いっさつ》の本ですべてを語ることはできないので、本章では、「人間の死後の生活とは、どういうものか」ということについて、ある程度《ていど》、みなさんに分かる話をしてみたいと思います。

現代では、病院で死ぬ人が多く、最後は、よく医者の世話になります。しかし、医学は、「死ぬまでのこと」については研究していても、「死んでからあとのこと」については、まったく分からないのです。

本来、こういう問題に答えるべき学問として、哲学《てつがく》があります。確《たし》かに、ソクラテスやプラトンのころには、あの世のことが分かっていました。しかし、現代の哲学は、ギリシャ語やドイツ語の勉強、歴史の勉強、論理的《ろんりてき》な思考、考え方の訓練《くんれん》のようなものになってしまい、残念ながら、「ほんとうのことについては教えてくれない」というのが実情《じつじょう》です。

それが分かるのは宗教《しゅうきょう》だけなのです。

しかし、宗教にもいろいろあり、〝年代もの〟の古い宗教では、それが分かりにくくなっていますし、現代の宗教も玉石混交《ぎょくせきこんこう》であるため、正しい宗教が、あの世のほんとうの姿《すがた》を知らせようとしていても、一方では、間《ま》違《ちが》ったものによって混乱が生じ、かえって人々が不信を強めている面もあります。

そういう意味では、「知識《ちしき》も教養《きょうよう》もあり、社会的にも活躍《かつやく》している人たちが、数多く幸福の科学を信じている」ということは、非常《ひじょう》に心強いことだと思います。

2　睡眠中《すいみんちゅう》に魂《たましい》は霊界《れいかい》へ行っている

魂と肉体をつなぐ霊子線《れいしせん》（シルバー・コード）

人間の生と死を分かつものは、いったい何でしょうか。

肉体のなかには、肉体とほぼ同じ形をした、魂《たましい》というものが入っています。魂は、ぴったりと肉体に入ったままかというと、そうでもなく、夜の睡眠時《すいみんじ》には、ときどき肉体から離《はな》れています。

夢《ゆめ》のなかでは、ときどき、この世の出来事《できごと》ではなく、空を飛ぶ夢、怖《こわ》いものに追いかけられる夢など、この世とは違《ちが》った異質《いしつ》な世界の出来事を天《てん》然色《ねんしょく》で見ることがあります。そういう場合、魂は、たいてい霊界《れいかい》に行って

いるのです。

それでは、すでに死んだ人と、生きていて魂が抜《ぬ》け出した人との違いは何でしょうか。それは、生きている人の場合は魂と肉体のあいだに「霊子《れいし》線《せん》」というものがあることです。

霊子線は、昔《むかし》の言葉では「魂《たま》の緒《お》」といい、英語では「シルバー・コード」（銀線）といいます。それは、実際《じっさい》に銀色に見えますが、光り方によってては少しオレンジ色がかった銀色に見えることもあります。そういう線が魂と肉体を頭の部分でつないでいるのです。これを見た人が古今東西《ここんとうざい》にいて、相互《そうご》の関連なく、そういうことを報告《ほうこく》しています。

普通《ふつう》は、寝《ね》ているときに魂がスッと抜けるのです。

肉体の近くに霊体《れいたい》があるときには、魂の緒は、みなさんが想像《そうぞう》するよりも、わりあい太めです。直径《ちょっけい》が四、五センチほどの、やや太めのロープぐらいであることが多いのです。なかを見ると、太めの毛糸を四、五本、あるいは五、六本ぐらい縒《よ》ったようなかたちになっています。魂が肉体の近くにあるときは、ちょうど、そのくらいの太さです。

魂は、肉体を離れて遠くまで行き、霊界で活動したり、地球の成層圏《せいそうけん》を超《こ》えて外へ出たりすることもできますが、そのときに、魂の緒は、ずうっと伸《の》びていって、魂が遠くまで行くと、ちょうどクモの糸のように細くなります。不思議《ふしぎ》ですが、切れそうで切れずに、遠い所までスーッと伸びていき、どこまでも続いていくのです。

魂の緒、シルバー・コードがつながったままで、大勢《おおぜい》の人が、睡眠中に肉体を離れて、あの世に行っているわけです。「霊子線が絡《から》まってしまい、自分の肉体に戻《もど》れなくなるのではないか」と思う人もいるかもしれませんが、不思議なことに、霊子線はもつれないのです。

この世では、糸はもつれますし、釣《つ》り糸《いと》のテグスも、重なると普通はもつれます。あちこち、いろいろな所に行っていたら、ぐるぐる巻《ま》きになってもおかしくはありません。ひもにつながれた犬もそうなります。ところが、シルバー・コードの場合は、重なってもスッと通り抜けてしまい、見事《みごと》にほどけて、スーッと伸びていくのです。

まことに不思議ですが、そういうものが魂と肉体をつないでいます。

睡眠中に行くあの世の世界――夢幻境《むげんきょう》

このように、魂は睡眠時に霊界へ行っていることがよくあります。

私は意識的《いしきてき》にあの世を見ることができますが、睡眠時に霊界に来ている人たちの多くは、自覚的ではないため、夢遊病者《むゆうびょうしゃ》のように、目をつぶり、ふわふわと歩いていきます。あの世には、こういう人たちがたくさんいます。

そして、ときどき何か印象的《いんしょうてき》なことがあると、目をカッと開《ひら》いて、それを見たりしています。しかし、この世に戻ってきたときには、それが〝翻《ほん》訳《やく》〟されて、少し別《べつ》なかたちの記憶《きおく》になっています。

なかには、夜中に、いつもあの世に行き、一定の所で活動している人もいます。実在界《じつざいかい》で特別《とくべつ》な仕事をしていて、あの世の人と付き合っている人もいるのです。しかし、起きているときは、それを忘《わす》れていることが多いわけです。

親族などと会っている夢を見て、起きてからも、それを覚《おぼ》えている人はいるでしょう。「お父さんやお母さん、おじいさんやおばあさん、きょうだいなど、すでに亡《な》くなった人と、月に何回も夢で会う」というように、特定の人と夢のなかで継続《けいぞく》して何度も会う場合は、ほんとうに向こうの世界で会っているのです。

また、この世で何か趣味《しゅみ》を持っている人は、あの世でも、同じ趣味を持っている人のところに行き、一緒《いっしょ》に遊んでいることもあります。あの世には、そういう趣味に生きている人もいるのです。

たとえば、この世には、将棋《しょうぎ》の得意《とくい》な人がいますが、生前《せいぜん》、将棋が得意だった人は、あの世に還《かえ》っても、趣味として将棋を続けていることがあります。この世の人の魂が、睡眠中に肉体を抜け出していって、そういう霊人《れいじん》の相手をしていることもあるのです。

ところが、朝、目が覚《さ》めると、そういうことはケロリと忘れていて、「将棋の、よい戦法《せんぽう》を思いついた。よい手を思いついた」と感じ、新しい指《さ》し方を、インスピレーションを受けて開発した気持ちになるわけです。

そのように、あの世の人と共同で何かを研究していることもあります。

生きている人間であっても、こういうかたちで、あの世に行っていることがあるのです。

睡眠中に行くあの世の世界のことを、よく「夢幻境《むげんきょう》」と言っています。霊界のあまり深い所までは行けないので、普通は四次元幽界《ゆうかい》の入り口付近に行っています。心境《しんきょう》が悪く、精神的《せいしんてき》に追い詰《つ》められているような場合は、地獄界《じごくかい》のほうに行くこともありますが、地獄界でも、底辺《ていへん》までは行かず、わりに浅い所に行って、そのあたりをうろうろしています。

そういう、すぐに戻ってこられるぐらいの所に、しばしば行っているのです。

あの世には、この世的な時間・空間がない

魂が肉体を抜け出して、あの世に行っているのは、医学的には「レム睡眠」といわれる状態《じょうたい》のときです。「睡眠には一時間半ぐらいの周期があり、

そのなかのレム睡眠のとき、すなわち、寝ている人の眼球《がんきゅう》がくるくると動いている状態のときに、夢を見ている」と言われていますが、そのときに、よく、あの世に行っています。

夢を見ているのは十分か二十分ぐらいなので、魂が肉体から抜けていっても、実際は三十分もたたずに帰ってきていることが多いのです。

ただ、「あの世の世界には、この世的な意味での時間・空間がない」と私がよく言っているとおり、この世の時計では十分しかたっていなくても、あの世で、いろいろなことをたくさん経験《けいけん》すると、何日もいたような気持ちになったりします。いろいろな人と会ったり、いろいろな新しい経験を積《つ》んだりすると、「ずいぶん旅行したな」と思って帰ってくるのですが、この世の時間では、それが十分ぐらいだったりすることがあります。

そのように、あの世の時間は、この世的には計れないのです。

あの世では時間的なものがよく分からないので、あの世の人と話をするときには、この世のもので必ず時間を確認《かくにん》しなければいけません。向こうでは、仕事や経験の内容《ないよう》によって、時間を長く感じたり短く感じたりしているので、「かなり長い時間だ」と思っても、この世の時間では、ほんの二、三日だったりすることもあります。そのくらい時間の感覚《かんかく》が違うのです。

このようにして、人間は、生きているうちから、ときどき霊界へ行き、あの世に還《かえ》る練習をしています。それで、一日に八時間程度《ていど》の睡眠を取るのです。生きているうちから練習をしておかないと、死んだときに、あの世への移行《いこう》が難《むずか》しくなるので、必ず、そういうことをしています。自覚的なものではありませんが、そのようにして、体から抜ける練習をしているのです。

3　「あの世などない」と確信《かくしん》している人は死後どうなるか

この世に生きていたときに、頑固《がんこ》な唯物論者《ゆいぶつろんしゃ》で、「あの世など絶対《ぜったい》にない。人間には魂《たましい》など絶対にない。神も仏《ほとけ》もない。宗教《しゅうきょう》は人を騙《だま》しているだけだ。この世のもの以外は絶対に信じられない」と確信《かくしん》し、一切《いっさい》の宗教的なものを断固《だんこ》として否定《ひてい》している人、「死ねば一切が終わりだ。真っ暗で、何もなく、何も感じることはない」と確信的に思っている人は、死後に、どうなるでしょうか。

そういう人にも魂はあるので、死ぬと魂が肉体から離《はな》れてあの世に行くわけですが、このタイプの人は、あの世の世界を認識《にんしき》することができません。あの世の存在《そんざい》を断固として否定しているため、そこがあの世であるということを理解《りかい》することが不可能《ふかのう》なのです。

そういう人の場合は、あの世で、蠟細工《ろうざいく》の人形のようになり、ほとんど寝《ね》たままの状態《じょうたい》になっています。この世でも、ときどき、「一世紀後に、よみがえってみせる」などと言い、体を冷凍保存《れいとうほぞん》して寝ている人がいますが、それと同じように、繭《まゆ》のなかに入っているような感じで、寝たきりのような無意識《むいしき》状態のまま、何十年も、死んだときの状態をずっと続けているのです。

一定の時間がたち、「あの世など絶対にない。霊界《れいかい》などありえない」という信念《しんねん》が、アリが砂山《すなやま》を少しずつ崩《くず》していくようなかたちで、ぽろぽろとこぼれていって、その考えが変わるまで、寝たきりのような無意識状態が続くのです。

そのように、徹底《てってい》した唯物論者などは、「無意識界」という所で、繭のなかで寝ているような無意識状態のまま、何も活動しないでいます。死後の生存《せいぞん》を信じない人たちが、大きな洞窟《どうくつ》のような所で、数多く、繭のようになって寝ています。

彼《かれ》らは活動不能《ふのう》なのです。「あの世の世界はなく、死によって、すべてが終わった」と思っているので、意識を開《ひら》くことができません。そういう心で自分が繭をつくり、動けなくなっているのです。

そして、何十年、あるいは百年ぐらいたつあいだに、少しずつ変わってきて、何となく目が覚《さ》めてくる感じになります。「おかしいな」と、自分に疑問《ぎもん》を持ちはじめるのです。

やがて、「洞窟から外に出てみようかな」と思ったり、霊界の人が訪《たず》ねてきたりするようになります。

時間はかかりますが、霊界の人が、ゆっくりと手ほどきをして、彼らに、あの世の経験《けいけん》を積《つ》ませていきます。あの世にも学校があるので、学校で再《さい》教育《きょういく》するのです。唯物論を信じ、「物しかない」と思っている部分を打ち壊《こわ》して、教育し直さなければいけないわけです。

彼らは、あの世の学校に収容《しゅうよう》され、再教育されるのです。

4　天上界《てんじょうかい》にも地獄界《じごくかい》にも霊界《れいかい》教育をする学校がある

あの世の学校には地獄界《じごくかい》の学校と天上界《てんじょうかい》の学校の両方があります。この世からあの世に還《かえ》ってまもない人たちに霊界《れいかい》教育をすることは、とても大事です。そこには大きなニーズ（必要性）があります。

地獄界では、「少し浅めの所にいて、間違《まちが》った考えを持っているけれども、しっかりと教育されれば、何とか天上界に上がれる」という程度《ていど》の人たちを、あの世の天使予備軍《よびぐん》が教育しています。

天使予備軍とは、幸福の科学で言えば、熱心に伝道活動をしている信者ぐらいのレベルに当たるでしょう。このレベルの人が、あの世で、そういう仕事をするのです。

彼《かれ》らは、「霊界に還ってきたけれども、生前《せいぜん》、霊界の存在《そんざい》を信じていなかったために、しばらくは地獄に行っている」という人たちを学校で教えます。かなり根気《こんき》よく教えないと分からないため、一つひとつ、いろいろなことを教えていきます。

そのようにして、まずは天上界に入るところまで教育するのです。

また、この世において、「信仰《しんこう》を持っていない。宗教《しゅうきょう》を信じていない」という人でも、本能的《ほんのうてき》に信じている人はたくさんいます。

新聞などのアンケート調査《ちょうさ》で、「宗教を信じていますか」と正面から訊《き》くと、「信じています。その宗教名も言えます」と答える人は、二十パーセントか三十パーセント程度しかいなかったりしますが、それ以外の人は、ほんとうに信じていないのかといえば、そうではありません。

そういう人でも、お盆《ぼん》には、お墓参《はかまい》りに行って線香《せんこう》を立て、亡《な》くなったおじいさんやおばあさんに、「孫《まご》も元気でやっています」「孫は小学校に上がりました」などと報告《ほうこく》したりしています。それから、正月になると、明《めい》治神宮《じじんぐう》など、神社仏閣《ぶっかく》にお参りに行きます。

こういう人たちは、無意識《むいしき》にではありますが、信じているのです。学校で教わっていないし、宗教で教わってもいないので、知識《ちしき》としては充分《じゅうぶん》ではないのですが、感情《かんじょう》のレベルで、「あの世や霊というものがある」ということを、うっすらと信じているのです。

彼らは、死んですぐに地獄へ行くわけではありません。四次元世界のなかの、いちおう天上界と言ってよいあたり、幽界《ゆうかい》の上段階《じょうだんかい》、精霊界《せいれいかい》のあたりに、いったん行きます。

そこには、やはり学校があり、天使の予備軍が来て授業《じゅぎょう》をします。あの世の人たちにとっては、一年も二年も授業を受けたような気がするのですが、この世的には、それほど時間がたっていなくて、一週間か十日ぐらいだったり、一、二カ月ぐらいだったりします。彼らとしては、中学校に三年間通《かよ》ったぐらいの感覚があるのに、「実は、まだ四十九日《しじゅうくにち》だった」というようなことがあるのです。

霊界の学校で教育を受け、あの世の法則《ほうそく》が理解《りかい》できたら、親しい人など、いろいろな人に連れられて、それぞれの修行場《しゅぎょうば》に分かれていきます。

このように、精霊界と地獄界の両方に学校があります。死んで、しばらくすると、まず、そういう教育機関に入るのが普通《ふつう》です。

5 地獄界《じごくかい》での強烈《きょうれつ》な経験《けいけん》

地獄の深い所に堕《お》ちた人はどうなるか

あの世の学校に入る人は、ある程度《ていど》、人間としての考え方や生き方を認《みと》められるレベルの人です。

しかし、地獄《じごく》の深い所までストーンと堕《お》ちていく人の場合は、もはや、「学校で教育を受ける」という段階《だんかい》ではありません。

そういう人は、自分自身で分かるまで、まず、地獄で、いろいろな経験《けいけん》を積《つ》むことになります。彼《かれ》らを学校に集めて教育することは無理《むり》なので、個人《こじん》で嫌《いや》な思いをしたりして、「自分が間違《まちが》っていた」ということを感じるところまで、徹底的《てっていてき》に経験を積むことになるのです。

これは、人によって、いろいろと道が分かれており、その人が心の傾向《けいこう》性《せい》として最も強く思っていたことが現象化《げんしょうか》した所に行きます。そういう所での経験なので、それは非常《ひじょう》に強烈《きょうれつ》な経験になります。

本人が「もう足を洗《あら》いたい」と思うまで救《すく》えない

たとえば、人を殺して、改心もせず、死んで地獄へ行った人がいるとします。その人が行く世界は、どういう所かというと、人殺しがたくさん集まっている所です。そういう地獄には、自分より強い人もいるので、今度は、殺されるほうの経験もだいぶしなければいけなくなります。自分より弱い相手なら殺せますが、自分より強い相手には殺されてしまうのです。

そのようにして、「人殺しというものは、いかに嫌なものであるか」ということを本人が分かるまで、毎日、徹底的に、殺し合いの経験をするわけです。

殺し合いといっても、実際《じっさい》には肉体がないため、ほんとうの意味で殺すことはできません。しかし、肉体はなくても、その苦痛《くつう》を味わいます。苦痛を感じる霊的神経《れいてきしんけい》の部分だけはあるのです。

生前《せいぜん》、殺したり、殺されたり、けがをさせたり、させられたりしていた人は、「相手に苦痛を与《あた》える」という経験をしてきています。生前に経験していないものは、その痛《いた》みの感覚が分からないのですが、生前に人を傷《きず》つけたり殺したりした人は、その痛みを感じやすいのです。

それで、人を殺し、相手が血を流しているので、「ああ、死んだな」と思うのですが、しばらくすると、相手はムクッと起き上がります。あるいは、自分が殺された場合も、「殺されて死んだ」と思っても、やがてムクッと起き上がります。そして、また殺し合いが続きます。このように、終わりのない戦いが続くのです。

やくざ同士の抗争《こうそう》などを考えればよいでしょうが、徹底的に殺し合いをしているうちに、だんだん嫌になってきて、お互《たが》いに、「もう、やめたほうがよいのではないか」と思いはじめるときがあります。

相手を殺して、「やった」と思っても、相手が生き返り、今度は自分がやられるのです。こんなことばかりを繰《く》り返していると、たいていは嫌《いや》気《け》がさすでしょう。「そういえば、生前も、こんな生活だったな」と思い、自分が恐怖心《きょうふしん》と憎《にく》しみと破壊《はかい》の心で生きていたことに気づいて、そういう生活が、だんだん嫌になってくるわけです。

その心境《しんきょう》が、だいたい、菩提心《ぼだいしん》の目覚《めざ》め、悟《さと》りへの目覚めの段階です。本人が、「こんな世界から足を洗《あら》いたいな」と思うようにならないと、なかなか抜《ぬ》けられないのです。

「もう足を洗いたいな」と思いはじめたころに助けがやってきます。ちょうどよい頃合《ころあ》いに、まず、その人と縁《えん》のある人が天上界《てんじょうかい》から来ます。

しかし、そこは凶悪《きょうあく》な世界なので、そこへ行って救《すく》うのは大変なことです。この世でも、暴力団《ぼうりょくだん》の組織《そしき》のなかに入り込《こ》んで人を助け出すのは大変です。私服警官《しふくけいかん》でも、そんな所へ一人で行ったら殺されてしまうこともあるので、行きたくはないでしょう。そういう世界から救うのは大変なのです。

そこで、まず、本人が改心して、「この世界から出たい」という気持ちを持たなければいけないのです。

そういう気持ちを持つようになると、あの世的には少し力が弱くなります。〝善人《ぜんにん》〟になってしまうので、暴力の世界においては弱くなるわけです。「もう、こんなことは嫌だ」と思っている人は、「他人を徹底的に攻撃《こうげき》したい」と思っている人より弱くなってしまうのです。

そして、「なんだ、あんなに強かったやつが弱くなってきたな」ということで、半殺しにされるのですが、それでも耐《た》えています。

そのようにして、「こいつは何か弱くなったな。おもしろくない」と思われ、仲間《なかま》から見放《みはな》されて、仲間外《はず》れになる感じが出てこないと、その人を助けるところまでいかないのです。

6　この世とあの世は密接《みっせつ》に連動《れんどう》している

あの世でも戦いつづけているイラク兵《へい》

戦争などで大勢《おおぜい》の人が急に死ぬと、彼《かれ》らには心の準備《じゅんび》がないので、しばらくは、そこに、阿鼻叫喚地獄《あびきょうかんじごく》、あるいは、阿修羅界《あしゅらかい》のような、戦闘《せんとう》の地獄が現出《げんしゅつ》することがあります。

たとえば、十数年前（一九九一年）には、アメリカ軍を中心にした多国《たこく》籍軍《せきぐん》と、イラク軍との戦争（湾岸戦争）がありました。イラクがクウェートを占領《せんりょう》したため、「けしからん」ということで、多国籍軍がイラク軍を攻撃《こうげき》して戦ったのです。

この戦争で、イラク軍側《がわ》は十数万人の兵士《へいし》が死んだのではないかとも言われています。

一定の期間内に、それだけ大量の人が死んだりすると、そこに地獄界が出現《しゅつげん》します。その地獄は、阿修羅界か、阿鼻叫喚地獄のような深い所か、どちらかでしょうが、そういう世界が現《あらわ》れてきます。

そして、一瞬《いっしゅん》のうちに死んでしまったイラクの兵隊《へいたい》たちは、当然ながら、まだ地上で戦いを続けているつもりでいます。

アッラーの教えによれば、「アッラーのために戦って死んだ場合には、真っすぐ天国の最高世界に還《かえ》る。そして、多くの美女が周《まわ》りに戯《たわむ》れ、お酒を勧《すす》めてくれるし、おいしいものもたくさんある」ということになるはずですが、彼らは、周りには美女もいないし、ごちそうもお酒も出てこないので、「自分は、まだ死んでいない」と思っています。自分が死んだことを分かっておらず、暗い霧《きり》のなかで、まだ戦闘中なのです。

一方、アメリカ側の死者は、合計しても百五十人前後です。その程度《ていど》では地獄はできません。個別対応《こべつたいおう》で、それぞれの世界へ引っ張《ぱ》っていかれるので、アメリカのほうには地獄ができないのです。

そうすると、死んだイラク兵たちは、あの世で敵《てき》を捜《さが》しても、敵が見当たらないわけです。仲間《なかま》はたくさんいるのですが、敵がいないのです。

砂漠《さばく》における地上の戦闘では、イラクのほうは旧式《きゅうしき》のソ連製《せい》戦車で戦い、アメリカのほうは最新鋭《さいしんえい》の戦車で戦いました。両者は同じぐらいの戦力だと思われていましたが、戦ってみると、旧式のソ連製戦車は非常《ひじょう》に弱く、アメリカ側が圧勝《あっしょう》しました。イラク側は戦車隊がほぼ全滅《ぜんめつ》したのに対し、アメリカ側はまったく損害《そんがい》がありませんでした。

それ以前には、そのような圧勝は通常《つうじょう》はなかったのですが、技術格差《ぎじゅつかくさ》によって、そういうことが起こったのです。

その戦闘でアメリカ軍は劣化《れっか》ウラン弾《だん》という非常に重い砲弾《ほうだん》を使用しました。これを撃《う》つと、砲弾はイラクの戦車の装甲《そうこう》を突《つ》き抜《ぬ》けて、一発で戦車を破壊《はかい》します。これに対し、イラクの戦車の砲弾は、アメリカの戦車に当たっても、跳《は》ね返されてしまうか、外部に損傷《そんしょう》を与《あた》えるだけで、内部まで被害《ひがい》を及《およ》ぼすことができなかったのです。

また、ソ連製の旧《ふる》い戦車は、敵の戦車が移動《いどう》すると、それに合わせて照準《しょうじゅん》も手動《しゅどう》で動かし、敵がどこへ行ったかを一生懸命《いっしょうけんめい》に捜さなければいけないのですが、アメリカの新型《しんがた》戦車は、敵が移動すると、砲塔《ほうとう》が自動的《じどうてき》に敵を追跡《ついせき》するようになっています。

これで戦ったところ、イラク軍の戦車隊は完敗《かんぱい》し、ほぼ全滅してしまったのです。

近代兵器《へいき》は古代人の霊には効果《こうか》がない

みなさんは、「死んであの世に行くのは人間の霊体《れいたい》だけだ」と思っているかもしれませんが、実はそうではありません。物もあの世に行きます。一定の形や機能《きのう》を持って存在《そんざい》したものは、この世で消滅《しょうめつ》すると、霊界《れいかい》に現れるのです。

イラク軍の戦車隊が地上から消滅すると同時に、イラクの兵隊がいる阿修羅界に、その戦車もドーンと現れてきます。その世界では、まだ戦車隊も動いています。しかし、アメリカの戦車は一台もないため、敵がいないわけです。

地獄の阿修羅界には古代の兵隊もいるので、イラクの兵隊が敵を捜していると、そういう古代の兵隊と遭遇《そうぐう》することがあります。そのときに、興《きょう》味深《みぶか》いことが起こります。

イラク兵たちは戦車で砲弾を撃ちます。心の世界なので、そういうものが「ある」と思えばあるわけです。

その武器で、弓矢《ゆみや》の世界の古代人たちと戦うと、どうなるでしょうか。

イラク軍の戦車の砲弾がバーンと飛んで、古代人たちの所に着弾《ちゃくだん》します。ところが、当然、爆発《ばくはつ》するはずなのに、爆発が起きないのです。「おかしいな」と思って、また撃ちます。しかし、何度、弾を撃っても、やはり破《は》裂《れつ》しないのです。

なぜかというと、古代人たちは、戦車や砲弾というものを知らないので、イラク兵が何をしているのかが認識《にんしき》できないからです。「何か箱《はこ》のようなものが動いてきて、丸いものが飛んでくるのだけれども、何が飛んできているのだろう」と思い、首をひねっています。それが何なのか分からないので、怖《こわ》くも何ともないのです。霊界では、認識できない武器で攻撃《こうげき》されても被害は出ません。

したがって、霊界で古代人と戦うには、石でも投げたほうがよいのです。石を投げたり、弓矢や槍《やり》を使ったりすれば、彼らも一目《ひとめ》で分かります。しかし、戦車で砲弾を撃っても、彼らは何も感じないし、何をされたのかも分からないのです。

彼らは、飛行機が飛んできても、「大きな鳥が飛んでいる」としか思いませんし、爆弾《ばくだん》を落とされても、「鳥の大きなフンが落ちてきた」というぐらいにしか見えません。そのため、爆弾が落ちても爆発しないのです。「大きいフンが落ちている」と思うだけで、被害は何もないわけです。

霊界では近代兵器《へいき》は古代人にはまったく通用しないので、肉弾戦《にくだんせん》をするしかありません。手で殴《なぐ》るか、刃物《はもの》を使うか、それしか方法がないのです。

それなら古代人も分かります。昔《むかし》も、そういう戦いをしているし、傷《きず》ついたら血が出て痛《いた》いことは知っています。しかし、経験《けいけん》がない兵器については理解不能《りかいふのう》なのです。

第一次世界大戦や第二次世界大戦で死んだドイツ兵などのいる地獄あたりに〝運よく〟出現できれば、相手も戦車を知っているので、「敵の戦車を発見せり」ということで撃ち合いになります。こちらが現代《げんだい》のソ連製戦車で砲弾を撃てば、向こうも、旧式のドイツ製戦車か何かで撃ち返してきたりします。また、相手は、怖くておろおろしたり、砲弾がバーンと爆発すると、「うわあ」と叫《さけ》んだり、爆風《ばくふう》で飛んだりします。

このように、理解できる者同士の場合には被害が発生しますが、理解できない者には被害が発生しません。この世の兵器は、あの世の地獄界には、ほとんど勢《せい》ぞろいしていますが、その兵器を知らない者に対しては何の効《こう》果《か》もないのです。

現代人は原爆《げんばく》を知っているので、現代人のいる所に原爆を落とせば、「ピカドンでやられた」などと思って人々は倒《たお》れますが、古代人の場合は、まったく何も感じません。原爆を知らないのですから、どうしようもないのです。

地獄界には、戦車も現れるし、武器《ぶき》もいろいろと現れてきます。ただ、マシンガンを知っている人にとっては、それは怖いものですが、知らない人にとっては全然怖くないのです。

こういう世界が、あの世の世界です。

この世で壊《こわ》された建物は、あの世に現《あらわ》れる

あの世には、この世の建物なども現《あらわ》れます。この世の建物が何十年かた

って壊《こわ》されると、その建物は、あの世に、そのまま現れてくることがあるのです。

たとえば、美術館には、「その美術館をつくった人は、どのような気持ちでつくったのか。その美術館を運営《うんえい》している人は、どのような気持ちで運営しているのか」ということがありますし、その美術館に展示《てんじ》されている絵などの芸術《げいじゅつ》作品にも、天国的なものから地獄的なものまで、いろいろあります。こういうもののトータルで、その美術館の霊的な波動《はどう》というものができ上がっているのです。

とても天国的な美術館の場合は、古くなって取り壊され、新しい建物に建て直されると、古い建物のほうが、天国のなかで波動の合った次元に、そっくり現れます。

そして、その美術館にふさわしい人たちが、そこに出入りするようになります。

元の美術館に展示されていた絵も、天国的な絵の場合は、そのまま天国の美術館に現れてきます。その絵の幽体《ゆうたい》部分がパッと現れてくるのです。ところが、元の美術館の展示物のなかに、たまたま、地獄的なものが入っていた場合、その地獄的なものだけがスッと消えて、美術館からなくなっています。

一方、美術館を運営していた人の心が悪く、作品も波動の悪いものをよく集めていた美術館の場合も、この世で取り壊されて、その土地が更地《さらち》になり、ほかの建物に変わったりすると、今度は、その美術館が地獄界に現れることもあります。

その美術館へ行くと、この世の絵がデフォルメ（変形）されて、より醜《しゅう》悪《あく》な感じになった、怖い絵、怪奇絵《かいきえ》が、たくさん展示されています。

しかし、生前《せいぜん》、地獄的な絵を趣味《しゅみ》で見ていた人にとっては、それほど怪奇絵には見えず、自分の趣味に合うように感じます。

この世では名画と言われるものでも、霊的には、いろいろ違《ちが》いがあるので、その絵があの世へ行ったときには、それぞれに合った場所に現れてくるのです。

私は、フランスで、ゴッホの作品ばかりが展示されている美術館に行ったことがあるのですが、さすがに頭がくらくらしたのを覚《おぼ》えています。ゴッホの絵を一枚《まい》ぐらい見ている分にはよいのですが、すべてゴッホの作品となると、何か異常《いじょう》な世界に入ったような感じがして、頭がくらくらしました。ゴッホの作品には、やや、そういう異常性《せい》がありました。

ムンクの絵も、好《す》きな人は多いのでしょうが、「叫び」という作品に描《えが》かれている怖い感じは、どう見ても地獄界の波動に近いでしょう。

この世的には名画と言われていても、あの世では、行き場に、いろいろと違いがあるわけです。それには、もちろん、その絵を描《か》く動機《どうき》や、それを見る人の感応度《かんのうど》も関係します。

図書館の場合も、同じようなことがあります。図書館が取り壊されると、やはり、霊界《れいかい》に幽体としての図書館が現れるのです。

蔵書《ぞうしょ》は天国的なものが中心で、運営者の心もよい図書館は、天国に現れてきて、天国の人たちも、そこで勉強することができます。そこで研究する人のために図書館が開かれているのです。

また、この世で新しく発行された本は、ほとんど、霊界にも来ます。そして、その本に合った図書館へ行きます。

地獄界へ行く本もあります。地獄の図書館には、嫌《いや》らしい本、殺人マニュアル、自殺マニュアル、その他《た》、天国では考えられないような地獄的なものがたくさんあります。出版《しゅっぱん》は自由ですが、地獄的なもの、悪の手引書《てびきしょ》のようなものが地獄界の図書館に集まっているのです。

殺人者が集まっている地獄の話をしましたが、この連中のなかには頭のよい人もいます。この世で頭のよかった人は、天国に行く場合もあれば、地獄に行く場合もあるのです。

頭のよい知能犯的《ちのうはんてき》な人は、あの世でも地獄の図書館で勉強しています。「もっと効率《こうりつ》のよい殺し方はないか」ということを調べて、「昔はギロチンというものがあったのか。おもしろい。この器械《きかい》は、どうしたら、つくれるのかな」などと考えて、新型のギロチンをつくったりします。

地獄の図書館には、「どうやって人を殺すか」ということを研究した本などが数多くあるのです。

知性派《ちせいは》の悪人は、そういう所で勉強して、さらに〝知力〟をつけ、もっと残忍《ざんにん》なことをするようになります。この世にも、頭がよく、知能が高くても、残忍なことをする人はたくさんいますが、犯罪《はんざい》グループをつくっている人たちは、あの世でも地獄の図書館で勉強しているのです。

また、前述《ぜんじゅつ》したように、あの世には学校もあります。

この世の学校は、取り壊されることがよくありますが、古い木造《もくぞう》の建物が地上から消えると、あの世に幽体としての学校が現れてきたりします。たいていの学校は何十年か使われていて、大勢の人が、その学校を覚《おぼ》えているからです。

その校舎《こうしゃ》が、地獄界や精霊界《せいれいかい》の学校の校舎として、あの世で使われています。大勢の人に見覚えのある、懐《なつ》かしい感じの校舎が、そういうかたちで使われているのです。

二〇〇一年には、ニューヨークのワールドトレードセンタービル（世界貿易センタービル）が二棟《とう》とも完全に倒壊《とうかい》しました。あのように丸ごと建物が消えた場合には、その建物が、たいてい霊界に現れます。

ただ、あのビルを壊した目的や壊され方、崩壊後《ほうかいご》の何千人もの悲惨《ひさん》な状況《じょうきょう》などを考えると、天上界《てんじょうかい》に現れるとは思えません。おそらくは地獄界のあたりに現れているはずです。そこでは、まだ阿鼻叫喚《あびきょうかん》地獄が展開《てんかい》されているでしょう。

亡《な》くなった数千の人々が救《すく》われて成仏《じょうぶつ》すれば、このワールドトレードセンタービルは天上界に移動していくだろうと思いますが、いまは、まだ修《しゅ》羅場《らば》であり、亡くなった人々は、火が燃《も》えている所を逃《に》げ回ったり、窓《まど》から飛び降《お》りたりするような場面を、あの世で再現《さいげん》しているはずです。その人たちの救済《きゅうさい》が終わるまでは、そういうことが、まだしばらく続くでしょう。

このように、この世とあの世は密接《みっせつ》に連動《れんどう》しています。

そして、この世で発明されたものは、あの世の人が認《みと》めると、あの世にも現れてきます。

たとえば、電車も、あの世に現れてきています。地上で、大勢の人が、毎日、電車に乗って通勤《つうきん》や通学をしているので、あの世でも、電車がないと不便《ふべん》に思えるのです。そうすると、あの世で、「電車が必要だ」と思っている人の所には、電車が現れてきます。高次元《こうじげん》の世界には電車はありませんが、この世に近いレベルで生活している人の所には現れてくるのです。

霊界の肉屋は仕入れが要《い》らない

人間界に比較的《ひかくてき》近い世界にいる人たちには、「地上の生活に近い生活をしたい」という気持ちが残っているので、まだ食べ物を食べる習慣《しゅうかん》のある人もいます。

ただ、それは、食べたような気分がするだけで、食べても食べても実体がないのです。「食べたような気がするけれども、体のなかに入ったら雪のように解《と》けてしまい、胃に届《とど》かない」というような感じでしょうか。しかし、食べる気分だけでも味わいたいわけです。

あの世には店もあります。この世で店を営《いとな》んでいた人は、あの世でも「地上にいたときと同じ仕事をしたい」と思うため、低い霊界には肉屋も魚屋も八百屋《やおや》もあります。この世での仕事と同じことをしているのです。

ただ、この世と違う点は、たとえば、「肉が食べたい」と思って肉屋に行って、肉を買い、家に持ち帰って食べても、気がつくと、肉屋の店頭に、同じ肉がまた並《なら》んでいることです。

肉屋は、肉がまた戻《もど》ってくるので、仕入れが要《い》らないのです。

また、肉屋は肉を売ってお金を貰《もら》うのですが、お金といっても、実体があって通用するものではなく、お金を貰ったような気持ちになるだけなのです。

肉を買った人も、代金を払《はら》ってブロイラーなどの肉を持ち帰り、おいしく食べたつもりなのですが、「何だか、おなかに届かないな」と思ったら、その肉がスーッと元の所へ戻り、店先にぶら下がっているわけです。

八百屋も同じです。持ち帰って食べた野菜が、全部、元に戻っていきます。

このようなことを、何度も繰《く》り返しています。

これは、「まだ、そういうレベルでしか分からない人が、たくさんいる」ということです。

7　念《ねん》による創造《そうぞう》や変形

あの世の学校での「創造訓練《くんれん》」

人間界に比較的《ひかくてき》近い世界より、もう少し上の世界へ上がると、その世界の住人たちは、「思えば、いろいろなものが現《あらわ》れる」ということを知っていて、念《ねん》でものを出しはじめます。

そこでは創造訓練《そうぞうくんれん》をよく行《おこな》っています。たとえば、「チューリップの花を一本、念じて目の前に出してみる」というようなことを勉強会で行うのです。

あの世の学校でも、「霊界は念の世界であり、思ったものが現れる」ということを実験《じっけん》するために、先生が生徒を集め、「いまから私が模範《もはん》を示《しめ》すから、見ていなさい」と言って、赤いチューリップを一瞬《いっしゅん》のうちに出したりします。

そして、「さあ、みんなも頑張《がんば》ってやってみよう」と言われて、生徒たちがチューリップを出してみるのですが、グニャッと曲がったもの、萎《しお》れたもの、色が違《ちが》うものなど、いろいろなものが出てきます。

この念力《ねんりき》訓練は、けっこう難《むずか》しく、出そうとするものを見事《みごと》にありありと描《えが》かないと出てこないのです。

最初は、小さいものから訓練していきます。

訓練が少し進むと、次に、「犬を一匹《いっぴき》出す」などということをします。

先生が念力を集中して、しばらくすると、犬が現れてきます。生きている犬とそっくりで、尻尾《しっぽ》を振《ふ》りながらペロペロとなめてきたりして、本物のペットのように動きはじめます。まるで魔法《まほう》のようで、生徒たちは、「すごいな。先生は、さすがに大したものだな」と感心します。

生徒が個人《こじん》でやると、なかなか先生のようにはうまくいかず、何だか訳《わけ》の分からない、でき損《そこ》ないの動物がたくさん出てきます。

そこで、「十人ぐらいで一緒《いっしょ》にやれば、うまくいくのではないか」と考え、力を合わせて、「こういう生き物を出そう」と頑張って念じていると、だんだん、ハトを出したり、犬を出したり、猫《ねこ》を出したりすることができるようになってきます。

そのようにして、大勢《おおぜい》の人の思念《しねん》を集めてつくったものは、あの世でしばらくのあいだ実在《じつざい》しています。もともとは存在《そんざい》しないものですが、念が集まると、あの世にある、いろいろな霊質《れいしつ》（霊的な物質）、幽体《ゆうたい》のようなものが再構成《さいこうせい》されて、つくられるのです。

念によってつくられた、霊体《れいたい》の犬や猫は、しばらくは、ほんとうに生きていますが。誰《だれ》もが忘《わす》れ去ると消えてしまうのですが、それまでは生きていて、生き物としてペットにもできます。

あの世の生き物のなかには、この世の生き物が、死んであの世に来たものもいますが、あの世でつくられたもののもたくさんいるのです。

地獄界《じごくかい》では妖怪《ようかい》もつくられる

「動物もつくれる」ということから想像《そうぞう》がつくとおり、あの世の地獄界《じごくかい》においては、醜《みにく》い妖怪《ようかい》のたぐいもつくれます。

「地上に生まれた人間が地獄に来て妖怪変化《へんげ》になる」というように、それが霊的な実体を持っている場合もありますが、そうでないものもあります。この世の悪想念《あくそうねん》や、あの世の地獄界の悪想念が集まって、一定の形の妖怪が実体化し、巨大《きょだい》な化け物、モンスターのようになって現れ、それが悪さをすることがあるのです。

地獄の人殺しの世界などでも、そのような巨大な化け物が出てきます。人を食べたりする化け物など、いろいろな妖怪も出てくるのです。

妖怪のなかには、生命を持ったものもありますが、あの世でつくられたものもかなりあって、つくられたものの場合には、その邪念《じゃねん》、悪想念を取り除《のぞ》くと、サーッと姿《すがた》が変わってきます。そのなかには何かが実体として入っていることが多いのです。

地獄には邪悪《じゃあく》な動物もいますが、地獄霊たちがそれを手に入れようとしても手に入らないこともあり、その場合、妖怪を創造することもあります。

手下を念力《ねんりき》で犬に変えてしまう親分

念の非常《ひじょう》に強い人であれば、地獄の人間を動物に変えてしまうこともできます。手下をたくさん持っている親分などであれば、そういうことができるのです。

たとえば、手下を集めて、よその村を攻《せ》め、略奪《りゃくだつ》、強奪《ごうだつ》を行い、何十人もの人たちを奴隷《どれい》として引き連れてきたりすると、その人たちを小屋のなかに入れて見張《みは》らなければいけません。

人を見張るときには相手を脅《おど》すのが最も効果的《こうかてき》なので、凶暴《きょうぼう》な犬がいるとよいのですが、実際《じっさい》の犬は、それほど悪いことをしないので、あまり地獄に来ないのです。

しかたがないので、親分は、手下の顔つきを見て、動物に似《に》ている者を探《さが》し、「こいつと、こいつは、いけそうだ」と思うと、グーッと念力《ねんりき》をかけて、その手下を犬にしてしまうわけです。

当然、相手は嫌《いや》がりますが、親分は、「おまえは見張りだ。犬のような格好《かっこう》をしていないと、向こうは怖《こわ》くないだろう。犬の姿でガオーッと吠《ほ》えていたら、向こうは逃《に》げ出せないだろう」と言います。それで、手下のほうは、「嫌だな」と思いながら、しかたなく犬の姿で見張りをするのです。

そのように、あの世は思いの世界なので、強い念力をかけられると変形してしまいます。逃げようとする人をガブッと食べてしまうような、牙《きば》がたくさん出た凶暴な犬を、念力でつくったりするわけです。

あの世は、こういうことが起きる世界です。「思いは実現《じつげん》する。そして、思いと思いがぶつかったときには、強いものが勝ち、弱いものは降伏《こうふく》して、相手の思うようにされてしまう」というのが地獄の世界なのです。

また、地獄では、戦争をするとき、馬が足《た》りません。馬という動物は、それほど悪いことをしないので、地獄に行く馬は少なく、地獄では馬があまり手に入らないのです。そのため、人間を馬に変えて〝戦《いくさ》ごっこ〟をしている人たちもたくさんいます。

それから、地獄にある、さまざまなものを変形させて、別《べつ》のものをつくる場合もあります。強い念波《ねんぱ》を受けると、無生物《むせいぶつ》や樹木《じゅもく》の精霊《せいれい》などでも、別のものに変えられてしまうことがあるのです。

まことに不思議《ふしぎ》な世界ですが、「思いしかないのだ」と考えれば分かるでしょう。強く思ったものは実体化して現れてきます。強く願《ねが》えば現れてくるのです。

壊《こわ》されたものが何度でも再現《さいげん》される

霊界《れいかい》とは、似た者同士が集まっている世界です。

食べ物を食べたい人もいますが、食べても、全然、満足は得《え》られません。

また、人殺しをしても、満足は得られません。殺しても殺しても相手は生き返ってきますし、自分も、殺されても生き返ります。首を斬《き》っても、しばらくすると首が生《は》えてくるのです。これでは、たまりません。

「あの世には、この世の建物も現れる」ということを述《の》べましたが、人殺しをするような人たちは、そういう家なども破壊《はかい》して歩きます。しかし、その人たちが通り過《す》ぎると、壊《こわ》された家が元の形に再現《さいげん》されます。壊しても壊しても、また元に戻《もど》るのです。壊した人の破壊想念があるときは、なくなりますが、その破壊想念が通り過ぎると、スーッと元に戻ります。

このように、霊界では、壊されたものが何度でも元の形に再現されます。その意味で、終わりがない永遠《えいえん》の世界、その思いが続いているかぎり存在《そんざい》しつづける世界なのです。そのように考えてよいでしょう。

霊界には、この世とあの世を転生《てんしょう》しているものと、自然霊《しぜんれい》のように、ずっと霊界だけにいて、この世には出ないものがいますが、そのどちらでもない、霊人《れいじん》によって創造されたものもたくさんいます。

大勢の人が「必要である」と認《みと》めたり、「存在する」と思ったりしたものは、霊界に現れてきます。それは大勢の人の一定の思いを象徴《しょうちょう》しているのです。

伝説に出てくる竜《りゅう》は、この世にはもういませんが、あの世にはいます。天上界《てんじょうかい》には、神社仏閣《ぶっかく》などを護《まも》るようなかたちで、竜神《りゅうじん》の姿をした竜がいます。ただ、それがほんとうに竜であるかどうかは別であり、前述《ぜんじゅつ》の

「犬に変えられた人」ではありませんが、「神社仏閣の守護神《しゅごしん》が、竜に姿を変え、威嚇《いかく》して護っている」という場合があります。

こういう天上界の竜もいれば、悪いことをする、地獄界の毒竜《どくりゅう》も当然います。

信仰《しんこう》が集まる所には、そういう変化身《へんげしん》もたくさん現れてくるのです。

8 地上の人に取り憑《つ》く地獄霊《じごくれい》

あの世が実体で、この世は仮《かり》の世界

あの世は夢《ゆめ》のなかの世界のような所ではありますが、そちらが実体なのです。「あの世のほうが実際《じっさい》の世界であり、この世のほうは、仮《かり》の世界、

夢を見ているような世界なのだ」という認識《にんしき》を持つことが非常《ひじょう》に大事です。このことが分かれば霊界《れいかい》の人間になれるのです。

「あの世は、夢の世界のようではあるが、夢ではなく、ずっと永遠《えいえん》に続く世界、ありつづける世界であり、この世は、実体があるように見えても、崩《くず》れていく世界、永遠には続かない世界なのだ」と悟《さと》ることが大事です。したがって、仏教《ぶっきょう》で説《と》かれる「執着《しゅうちゃく》を断《た》つ」という教えは大切な教えです。

みなさんには、この世が実際にあるように見えるでしょう。すべてが実際にあり、この世しか存在《そんざい》しないように見えるでしょう。しかし、この考え方を正反対のものに変えなければいけないのです。

この世のものは、ありつづけることはできません。それに対して、あの世のものは、ありつづけることができます。そして、あの世のものは変幻《へんげん》

自在《じざい》です。あの世は、「変幻自在なものが、ありつづける」という、まことに不思議《ふしぎ》な世界なのです。

地獄霊にはごみが宝石《ほうせき》に見える

あの世では、ものの見方もずいぶん変わります。

たとえば、この世では、宝石《ほうせき》、金銀財宝《ざいほう》、豪華《ごうか》な衣装《いしょう》など、金目《かねめ》のものへの執着《しゅうちゃく》を持っている人はたくさんいます。そういう人は、あの世へ還《かえ》っても、その執着が取れていなければ、当然、同様のものを求めます。

地獄界《じごくかい》であれば、金目のものを持っていそうな人の家へ押《お》し入《い》って、ダイヤモンドの指輪《ゆびわ》やネックレス、金《きん》などを、ごっそりと持ち帰ったりします。そして、「やった、やった。宝石がたくさん手に入った」と言って、指輪をはめてみたり、ネックレスをかけてみたり、金ピカの服を着てみたりして、「ああ、きれいだ」と思って見ているのです。

ところが、本人が「宝石だ」と思っているだけで、その姿《すがた》は、天上界《てんじょうかい》の人には、何か炭《すみ》のようなものを指につけたり、ごみのようなものを体にたくさんつけたりして喜んでいるように見えます。「あの人は、ごみをたくさんつけて、何をしているのだろう」と思うのです。天上界の人から見れば、ごみなのですが、地獄の世界の人は、それを「宝《たから》だ」と思っているわけです。

こういう不思議なことがあります。

地獄の人は、天上界の光や、天上界の素晴《すば》らしい宝石など、見たことがないのです。見ようとしても、まぶしくて見えないでしょう。地獄の人にとっては、ごみためのものが宝石に見え、その人は、それで身を飾《かざ》っているつもりでいるのです（もちろん、天上界にも宝石や金銀もある。動機、

目的の問題である)。

そのような愚《おろ》かなことを地獄の人はしているのですが、どこかで、その虚《むな》しさに気づくまで、それを延々《えんえん》とやりつづけることになります。

それから、男女の問題も地上的執着の一つです。あの世へ行ったら、まず、しばらくのあいだ、そういうものを忘《わす》れないと、天上界での修行《しゅぎょう》になりません。そのため、天上界の入り口では、男女の修行場を分けることが多いのです。

最初は、男性は男性、女性は女性に分け、それぞれに対して講義《こうぎ》をし、霊界について教え、魂《たましい》を純粋化《じゅんすいか》します。この世的な、異性《いせい》への執着がなくなるまで、少し教育をするのです。

一定の期間が終わったあとは、男女で、一緒《いっしょ》に住むことも、お付き合いをすることもできるようになります。ただ、この世的な部分がなくなるまでは、男女を別《べつ》にして教育するわけです。

地獄界では、この世的な、男女の結《むす》びつきも、ずいぶん行われていますが、これも、前述《ぜんじゅつ》した「人を殺そうとしても殺せない」ということと同じで、肉体がないため、当然、この世的な欲望《よくぼう》を満たすことはできません。

そのように、人を殺そうとしても殺せないし、異性を抱《だ》こうとしても抱くことができないわけです。ゴースト（幽霊）なので、お互《たが》いに抱き合うこともできないのです。

本人の魂《たましい》が肉体を支配《しはい》できなくなる完全憑依《ひょうい》

地獄界において、「何かを破壊《はかい》しようとしても破壊することができない。肉体がないために実質的《じっしつてき》な行動ができない」ということに気がついて困《こま》っていると、「よい手があるのだ。教えてやろう」と言う人が出てきて、〝知《ち》恵《え》〟をつけてくれます。地獄界の先輩《せんぱい》が、「地上界《ちじょうかい》に行けばよいのだ。地上界に行って、生きている人間に取り憑《つ》くと、その人と同じような気持ちが味わえるのだ」と言って、そそのかすのです。

それで、「そんな手があったのか」ということを初めて知るわけです。

あの世の食べ物は、食べても食べても、おなかがいっぱいになりません。しかし、この世に出てきて飲食街《いんしょくがい》などへ行くと、酒を飲んだり食べ物を食べたりしている人がたくさんいます。そのなかで、自分が入れそうな手ごろな人、自分によく似《に》た人を探《さが》して、その人に取り憑《つ》けば、その人が酒を飲んだり食べ物を食べたりすると、自分も、同じようなことを感じるのです。

霊体《れいたい》だけだと、そこまでは感じないのですが、肉体のなかに入ると、酒や食べ物の感じ、舌触《したざわ》りが分かり、「ああ、感じる。これは、やめられないな」と思うのです。

このときに、取り憑かれた人の魂《たましい》は、どうなっているのでしょうか。憑依霊《ひょういれい》に完全に入られている人の場合には、その人の魂は、霊子線《れいしせん》はつながっていても、肉体の外へポンと蹴《け》り出されてしまっていて、「肉体を取られた。困った、困った」と言って、肉体の外でおろおろしています。

そして、その人の肉体のなかに、別の霊がドーンと入って威張《いば》っているわけです。それは、口が耳まで裂《さ》け、角《つの》が生《は》え、目を爛々《らんらん》と光らせた霊です。こんなものが来たら、怖《こわ》いので、本人の魂は逃《に》げてしまいます。そのあいだに、霊が肉体にズボッと入って、飲み食いをしたり、歓楽街《かんらくがい》に出入りして、生前《せいぜん》に果《は》たせなかった行為《こうい》をたくさんしたりしているのです。

地上の人間に憑依すると、肉体が仮に手に入るので、かなり、生まれ変わったような気分を味わうことができます。地獄霊は、この世に生まれることはできないので、憑依によって、この世に生まれた気分、新しい肉体を持った気分を味わうのです。

ただ、憑依された人が正気《しょうき》に戻《もど》ってくると、憑いていられなくなります。悪夜、酒を飲むと、理性《りせい》が麻痺《まひ》するので、悪霊《あくれい》が入りやすくなります。悪いことを大勢《おおぜい》でやっているようなときは入りやすいのです。しかし、悪霊は、あまり長くいることはできず、やはり離《はな》れなければいけなくなります。ところが、毎日のように憑依され、しだいに完全憑依の状態《じょうたい》になってくると、悪霊がずっと居座《いすわ》るようになり、本人の魂が、ほとんど肉体を支配《しはい》できなくなってきます。

犯罪《はんざい》を犯《おか》した人のなかには、よく、自分が犯罪を犯したことを全然覚《おぼ》えていない人がいます。「意識《いしき》がなかった。それは自分の意思《いし》ではなかった。いつのまに、その犯罪を犯したのだろうか。全然、記憶《きおく》がない」という人がいますが、それは、ほんとうにあることなのです。

そういう人は、実際に魂が肉体から抜《ぬ》けていて、ほかのものに肉体を占《せん》領《りょう》されているのです。そして、憑依されているときに、人殺しをしたり、泥棒《どろぼう》に入ったり、万引《まんび》きをしたり、いろいろな悪さをするわけですが、事が終われば、憑依霊が抜けて、本人の魂が戻ってきます。

やがて、気がつくと裁判所《さいばんしょ》にいて、「いったい何をされているのだろう」というような状況《じょうきょう》になっています。裁判所で、「あなたは、こんなことをした」と言われ、「私は、そんなことをした覚えはありません」と答えます。

しかし、証人《しょうにん》に、「確《たし》かに、この人に間違《まちが》いない」と証言《しょうげん》され、「×月×日×時に、あなたは、人を殺し、金品《きんぴん》を奪《うば》って逃げた」などと言われます。

それでも、本人は、「そんなことは全然知らない。私は無罪《むざい》です」と言います。

実は、その犯罪行為のときに、憑依霊が入り、それを行《おこな》ったのです。そして、「しめしめ」と思い、終わったら逃げたわけです。

霊のほうは、肉体から抜けてしまえば、本人が電気椅子《いす》にかかろうが、どうなろうが、関係ありません。しかし、本人のほうは、たまったものではなく、「こんなはずではなかった」と言って暴《あば》れるのです。

悪さを重ねた霊は地獄の最深部まで堕《お》ちていく

地上の人に憑依して悪さを重ねると、その霊は地獄界で罪《つみ》が重くなります。「憑依《ひょうい》という、よいことを教えてくれた」と感謝《かんしゃ》して、地上の人に憑《つ》いているのですが、人を死なせたり、破滅《はめつ》させたり、借金地獄に落としたりして、罪が重くなると、いまいる地獄にいられなくなり、もう一段《いちだん》下にドーンと堕《お》ちていきます。

しかし、憑依をするために、また地上に出てきます。そして、悪さをするたびに下へ堕ちていきます。あの世の地獄界で偉《えら》くなるというか、親分格《かく》になればなるほど、悪さの規模《きぼ》も大きくなるので、そのたびに、ドーン、ドーンと下へ落とされていくのです。

動物の行動に関する実験《じっけん》で、「ネズミに対し、餌《えさ》を取りに行こうとすればビリビリッと電流が流れるようにしておくと、ネズミは嫌《いや》がり、一定以上、電流が強くなった場合は、餌を取りに行かなくなる」というものがありますが、地獄霊は、悪さをするたびに下に堕ちていき、どんどん苦しくなってくるのです。

これを繰《く》り返して地獄の最深部まで堕ちていくことがあります。

地獄でも、いちばん底《そこ》まで行くと、もう大勢《おおぜい》の人はいません。そして、地獄の闇《やみ》が、ヘドロのように、ぶよぶよとたまっている感じがします。周《まわ》りがまったく見えない漆黒《しっこく》の闇です。最後は、そういう孤独《こどく》な地獄に隔離《かくり》されるのです。

9 霊界《れいかい》での行き先を決める〝偏差値《へんさち》〟とは

地獄界《じごくかい》には重力が働いている

地獄界《じごくかい》には、この世の重力や引力のようなものが働いているように見えます。

地獄界にいる人たちは、少なくとも霊界《れいかい》での一定の悟《さと》りを得《え》ていないので、非常《ひじょう》にこの世的な考えを持っています。「この世しかない」と思っている人がほとんどで、たいていは唯物論者《ゆいぶつろんしゃ》です。

あの世を信じていない人、信仰心《しんこうしん》を持っていない人は、原則《げんそく》、地獄に行きます。間違《まちが》った宗教《しゅうきょう》を信じている人や狂信的《きょうしんてき》な人も地獄に行っていますが、人数的には、あの世を信じていない人のほうが多いのです。

あの世を信じていない人は、この世の法則《ほうそく》を強く信じています。そのため、見ていると、地獄には重力が働いているとしか思えません。

「天上界《てんじょうかい》の人は空を自由に飛んだりすることができる」と私は説《と》いています。羽《はね》が生《は》えている人もいて、空を自由に飛べるのです。

しかし、地獄界の人は、私が見るかぎり、空を自由に飛べるようには見えません。誰《だれ》もが地面を歩いています。

地獄界でも、下に落ちることだけは自由にできます。「真《ま》っ逆様《さかさま》に落ちる」というかたちで、崖《がけ》や山から落ちたり、穴《あな》のなかへ落ちたりすることは自由です。

ただ、この世で言うと、ダイビングをするような落ち方なので、「自由《じゆう》自在《じざい》に空を飛ぶ」という感じではありません。落ちることはできますが、飛ぶことはできないようです。

そのように、地獄界の人は重力のなかにいるように見えます。その重力によって、地獄界は、下へ行くほど闇《やみ》がだんだん濃《こ》くなり、非常に重い感じになっています。そのため、飛ぶことができないのかもしれません。

もっとも、鳥のなかには、一部、悪い鳥もいるので、そういうものは地獄でも飛んでいます。また、コウモリのような羽を生やした悪魔《あくま》も飛んでいます。霊力《れいりょく》の強い悪魔になれば、飛ぶぐらいのことはできるのです。

ところが、普通《ふつう》の地獄霊は、足が地面についていて、砂利道《じゃりみち》や坂道を歩いたり、坂を転げ落ちたりしているので、この世と変わりません。

天上界の人は空を飛んで自由に移動《いどう》できますが、地獄界の人は、そうではないのです。悟りとして、まだ、そこまで霊界の法則が分かっていないのだと思います。

そのように地獄界では重力が働いている感じがしますが、天上界のほうでは重力は働いていません。天上界は、空を自由に飛んで移動することが可能《かのう》な世界なのです。

なぜ地獄界があるのか

昔《むかし》から、「なぜ地獄界があるのか。神様は、なぜ地獄をそのまま置《お》いておくのか」という問いがあります。地獄の側《がわ》から見たり、地獄の近くにいる人の側から見たりすると、そのように思えます。

ただ、霊界全体を五十階建ての高層《こうそう》ビルにたとえると、地獄界は、そのビルの地下の部分でしかありません。地下は五階ぐらいですが、地上は五十階もあるのです。

霊界の構造《こうぞう》は、だいたい、このようになっており、「霊界全体を見れば、天上界の部分が圧倒的《あっとうてき》に多く、バランスを取るために、〝地面の下〟の部分が少しある」という感じなのです。

なぜ地面の下があるかというと、これは、結局《けっきょく》、「不合格《ふごうかく》がある」ということを意味しているのです。「仏《ほとけ》の子、神の子としての修行《しゅぎょう》に不合格がありうる。『全員合格』『全員百点』ではない」ということです。「何をしても構《かま》わない。自由、勝手で構わない」ということではなく、「やはり失《しっ》敗《ぱい》はある。認《みと》められないレベルがある。不合格がある」ということであり、その部分が地獄なのです。

「地獄から天国に上がるためには、仏の子、神の子として、最低、ここまではできなければいけない。こういう生き方ができなければいけない」というものがあります。この部分は、どうしても残されているのです。

この部分があることで、相対的《そうたいてき》なものではありますが、お互《たが》いに磨《みが》き合う面もあります。地獄というものがあることによって、反省の心が生《しょう》じ、「これは間違いなのだ」ということを学ぶのです。

天上界《てんじょうかい》に上がるには信仰《しんこう》が必要《ひつよう》

天国にも段階《だんかい》があります。まるで学校の偏差値《へんさち》のようですが、天国も〝偏差値〟が五ポイントずつぐらいで輪切《わぎ》りになっているのです。偏差値というものが何を表《あらわ》しているかというと、この世においては学力ですが、あの世においては信仰です。霊界は、完全に、信仰の偏差値による輪切りの世界になっています。

霊界には、四次元、五次元、六次元と、幾《いく》つもの次元がありますが、それぞれの次元も、大きくは三段階ぐらいに分かれていて、もっと言うと、さらに細かく分かれています。これは信仰のレベルによって分かれているのです。

地獄界は、基本的《きほんてき》に信仰心がない人たちの世界です。そこには、神も仏も信じていない人たちや、生前《せいぜん》、宗教心《しゅうきょうしん》があるように装《よそお》っていたけれども、実は偽善者《ぎぜんしゃ》で、ほんとうは信じていなかった人たちがいます。「日曜日ごとに教会へ行っていたけれども、ほんとうは全然信じていなかった。建前《たてまえ》や体面のためだけに教会へ行っていた」というような人たちも地獄界に行っています。

地獄界には寺院もあれば教会もあります。思想的に間違った牧師《ぼくし》や神父《しんぷ》、僧侶《そうりょ》などが、地獄界の浅い所で、宗教施設《しせつ》を持って活動しています。彼《かれ》らは説教《せっきょう》をしているのですが、その内容は何かが間違っているのです。そして、そこに偽善者たちが集まって説教を聴《き》き、信仰生活を送っているつもりでいるのですが、そういう人たちも、やはり間違いが抜《ぬ》けていません。

信仰上の間違いがある場合と、信仰心がない場合、唯物論者である場合は、地獄へ行くのです。

天上界《てんじょうかい》に上がるには、まず信仰が必要です。信仰とは仏や神を信じる心です。とりあえず、「人間は霊的存在《そんざい》である。霊界こそが、ほんとうの世界であり、地上は仮《かり》の世界である」ということを信じなければ、天国に入《はい》れません。まず、この信仰の原始的形態《けいたい》がなければ、天国に入れないのです。

天国に入ってからあとは、信仰のレベルには差があります。

まずは信じることが大事であり、その次に、信仰と行動、実践《じっせん》、実務《じつむ》とが一体化しなくてはなりません。「信じているということだけではなく、行いは、どうか。行いは信仰と一致《いっち》していているか」ということが問われ、行いと信仰が一致してくると、だんだん、上の世界に上がっていくのです。

上の次元では「愛」と「真理」が同じになる

上の世界に上がっていくと、しだいに「愛と慈悲《じひ》」が強くなってきて、世のため人のために自分を捨《す》てて働く人のほうが多くなってきます。

上の次元に上がっていくと、「愛」という言葉は、「私は、あなたを愛しています」というような愛というより、「真理」という言葉と、ほぼ同義語《どうぎご》になります。

すなわち、「愛とは真理なのだ。仏や神が統《す》べる霊界《れいかい》の法則を知ったならば、そうせざるをえないルールなのだ」ということです。そのルールに則《のっと》らなければ生きられません。霊界の法則を知ったら、そうするしかないのです。

そのように、霊界の上のほうへ行くと、愛と真理が同じことになります。自転車はバランスを取らないと走れないように、真理に則らないと生きていけないわけですが、真理に則って生きていくことが、愛の実践や慈悲の実践と同じことになっているのです。

では、地獄界にいる人たちは、どうでしょうか。彼らは自分のことしか考えていません。自分のことしか考えていない人が、自分に最も不利な生き方をしているのです。彼らは、自分を苦しめたり悩《なや》ませたりして、地獄界から抜け出すに抜け出せないでいます。

自分のことを考えた人が地獄に行き、他《た》の人のことを考えた人が天国に行っているのです。不思議《ふしぎ》ですが、そういう反作用《はんさよう》があります。

地獄から抜け出したかったら、ほんとうは何も要《い》らず、自分の心一つを変えればよいのです。心のあり方、考え方をくらりと変えるだけで、地獄から抜けられます。

そのためには、幸福の科学で説かれている、「奪《うば》う愛から与《あた》える愛へ」「信仰の大切さ」「他の人を大事にする」「霊界の存在を信じる」などということを知らなければいけないのです。

この世的な偉《えら》さと関係なく、死後は天国と地獄に分かれる

この世的には、社会的地位や年収《ねんしゅう》、学歴など、いろいろな物差しがありますが、そういうものとかかわりなく、死後は、上（天国）に行くことも

あれば下（地獄）に行くこともあります。この世的な価値観《かちかん》と同じではないのです。

平安時代ごろの地獄観は、「地獄の鬼《おに》が、亡者《もうじゃ》たちを、追い回して食べたり、釜《かま》のなかへ投げ込《こ》んで油で煮《に》たり、火で焼いたりする」というものでした。

現代《げんだい》では、外科医、看護師《かんごし》、検察官《けんさつかん》、裁判官《さいばんかん》、マスコミの人などのなかで悪人だった人たちが、鬼の代わりをしています（もちろん、善人が多数ですが）。

昔であれば、鬼が鉄棒《てつぼう》で人の頭を潰《つぶ》すところを、いまは、地獄の病院で、口の裂《さ》けた外科医がマスクの奥《おく》でニタッと笑《わら》い、〝患者《かんじゃ》〟をメスで切り刻《きざ》んで殺すわけです。こういう悪い外科医がいます。そして、殺された人は、「殺されては生き返り、また殺される」ということを繰《く》り返しています。

地獄界の看護師もいます。生前、ほんとうは愛の心もなく看護師をしていた人が、医者と一緒《いっしょ》になって、患者を拉致《らち》・監禁《かんきん》しては殺したりしているのです。

検察官で悪人だった人は、亡者《もうじゃ》をしょっぴいてきて、いじめることを、生きがいにしています。

警察官《けいさつかん》で悪人だった人も鬼の代わりをしています。

「あの世には閻魔大王《えんまだいおう》がいる」と言われていますが、あの世には裁判官もいて、黒い法衣《ほうい》を着ています。しかも、天国の裁判官と地獄の裁判官がいます。

彼らは人を裁《さば》くのが好《す》きなのですが、生前、自分の良心に照《て》らしたら、ほとんど間違った判決《はんけつ》ばかりを下《くだ》していた人は、地獄へ行きます。そして、地獄で亡者たちを裁き、「こいつは八《や》つ裂《ざ》きじゃ」などと言って、判決文を書いているのです。そのようなことをしている人もいます。

この世的な偉《えら》さとはかかわりなく、あの世では両極端《りょうきょくたん》に分かれるのです。

地獄の医者もいますが、天上界の医者もいます。

同じ外科医でも、天国のほうの外科医になると、地獄界から霊が上がってくるときに、霊体のなかの悪い部分を取り除《のぞ》いたりしています。「この人は、心のこの部分が悪いため、幽体《ゆうたい》のこの部分が非常にひずんでいる。この部分を切除《せつじょ》しなければいけない」と言って、手術《しゅじゅつ》をしている医者もいるのです。

それから、地獄から上がってきた人に一生懸命《いっしょうけんめい》リハビリをさせている、天国の看護師もいます。

裁判官でも、天国の裁判官になると、「正しい人生観から見て、あなたの行くべき所は、ここだ」という分類をしている人もいます。

このように、いろいろです。

マスコミの人でも、生前、良心に従《したが》い、「悪をただして、世の中をよくしよう」と、ほんとうに思っていた人は、天上界において、テレビや新聞で「天上界ニュース」を流したりしています。

地獄のやや上のほうには、「地獄新聞」を発行している、マスコミの人もいて、「今回、地獄に送られてきた人たち」というような記事を新聞に載《の》せています。

特《とく》に、地上界《ちじょうかい》で有名だった人が来たときは、大きな見出し付きで、「今回、○○株式《かぶしき》会社の社長が地獄へ来ました。みなさん、やっつけましょう」などという「地獄ニュース」を流しています。そして、その人が、その後《ご》どうなったかについて、「人々の弾劾《だんがい》に遭《あ》って八つ裂きにされた」「火あぶりに遭った」「もう一つ下の地獄に堕《お》ちた」などということを記事にして載せています。

新聞をつくっている人は地獄にも天上界にもいるのです。

10　天使になれるような心を

霊界《れいかい》においては、動機《どうき》と行《おこな》いが、すべて判定《はんてい》されます。

そして、人々は、この世で行《おこな》っていたことと似《に》たようなことを、あの世でも行っています。

生前《せいぜん》、自分の心のうちを分からなかった人たちは、死後に大変なことになります。

したがって、そういう人たちは、生きているうちに、できるだけ早く、幸福の科学の教えに目覚《めざ》めていただきたいのです。

そういう人たちに、死んでから真理を教えるのは大変です。彼《かれ》らは、地獄《じごく》へ行こうが、どこへ行こうが、霊界では、ほとんど一カ所だけにいることが多く、ほかの場所の経験《けいけん》があまりないので、他《た》の世界のことを認識《にんしき》できないのです。

少なくとも、唯物論者《ゆいぶつろんしゃ》に対しては、早く破折《はしゃく》して真理を教えなければいけません。

また、間違《まちが》った考え方や思想を持っている人たちも、救《すく》わなければいけません。

そういう人に、できれば、この世にいるあいだに、天上界《てんじょうかい》に入る準備《じゅんび》をしていただきたいのです。そのためには、天使になれるような心を押《お》し広めることが必要なのです。

（参考。本章類似の霊界観が、Ｊ・Ｓ・Ｍ・ワード著・浅野和三郎《あさのわさぶろう》訳

『死後の世界』〔潮文社〕やＧ・カミンズ著・浅野和三郎訳『永遠の大道』〔同〕でも展開されている。）

第3章

霊《れい》界《かい》の不《ふ》思《し》議《ぎ》（質《しつ》疑《ぎ》応《おう》答《とう》）

1　魂《たましい》と霊《れい》の違《ちが》い

【質問】
魂《たましい》と霊《れい》の違《ちが》いを教えてください。

☆

魂は地上時代の痕跡《こんせき》が濃厚《のうこう》

魂も霊も、霊的なものであることは同じであり、魂は、広い意味での霊のなかに含《ふく》まれていますが、「魂」と言う場合は、「地上に生命を持って生きた」という痕跡《こんせき》のほうに重点があります。霊的なものが、地上時代、すなわち、地上で生きていたときの痕跡を濃厚《のうこう》に持っている場合、それを魂と言ってよいのです。

霊的なものが、「あの世に還《かえ》ってからも、生前《せいぜん》の姿《すがた》をとって現《あらわ》れてくる。そして、考え方も生前と変わらない」という活動形態《けいたい》をとるときには、魂と呼《よ》んでよいと思います。そういうかたちで人間としての個性《こせい》を帯したものであれば、魂と呼んでよいでしょう。

霊は人間的な姿形《すがたかたち》や性質《せいしつ》をはみ出している

一方、「霊」と言う場合には、人間的な姿形《すがたかたち》や性質《せいしつ》をはみ出したものであることが多いのです。

実在界《じつざいかい》の霊人《れいじん》たちは、必ずしも人間と同じような姿形で修行《しゅぎょう》しているわけではありません。

もちろん、四次元や五次元では、だいたい、生前の姿に似《に》た姿で生きていることが多いのですが、六次元あたりから少しずつ様相が変わってきます。

なぜかというと、六次元の魂は、霊的な可能性《かのうせい》に目覚《めざ》めてくるからです。「自分のほんとうの姿は、『手が二本あり、足が二本あり、頭が一つある』というものとは違う」ということを、人々が、はっきりと知りはじめるのは、だいたい六次元世界からです。このあたりから、「実は違うぞ」ということを知るのです。

私の著書《ちょしょ》『太陽の法』(幸福の科学出版刊)では、六次元世界について、「どれだけ真理に関する知識《ちしき》を持っているかが、自他を区別する基準《きじゅん》である」ということを述《の》べていますが、六次元には、仏《ほとけ》についての知識、仏が創《つく》った世界についての知識があり、これを学んでいるときに、「どうやら、手足があり、身長がこれだけで、体重がこれだけの、こういう姿が、ほんとうの自分ではない」ということが、まず、理論《りろん》として分かるのです。

肉体的意識《いしき》を取り去るための訓練《くんれん》

六次元世界には、教えてくれる人たちがたくさんいるので、肉体的意識《いしき》を取り去るための、いろいろな実践的訓練《じっせんてきくんれん》があります。これは上級の指導《しどう》霊《れい》たちも来て行うのですが、たとえば、こういう指導が行われるのです。

いよいよ魂の多様性《たようせい》についての学習をする人たちを、体育館のような所に集めて、一人ずつ呼《よ》び出《だ》し、「あなたは、生前、どういう人だったか」ということを尋《たず》ねます。そうすると、相手は、それに答えます。

「そうか。ところで、あなたが本で勉強したことや、教えとして聴《き》いたことによれば、あなたの可能性は、いろいろあることが分かるだろう」

「分かります」

「では、これから実験《じっけん》を開始する。あなたは自分以外のものに変わってみる。そういう訓練をしてみるから、よいか」

霊人《れいじん》は、やはり、着る物を何か着ているのですが、おもしろいことに、それについて、あまり認識《にんしき》を持っていなくて、何となく着ているのです。このあたりについて修行が始まるわけです。

たとえば、指導者が、「まず、着る物から変えていく。あなたは、いま、青い服を着ているが、それを白い服に変える訓練をしてみなさい」と言います。

相手は、すぐに、「できません」と言うのですが、「いや、できる。真剣《しんけん》に思えば、できるのだ。『青い服が白い服になる』と一生懸命《いっしょうけんめい》に思ってみなさい」と教えられます。そして、それを実践すると、青い服が白く変わるのです。

その人は、「ああ、こんなことができるのか。自分に、こんな力があったのか」と思って、驚《おどろ》いてしまいます。

まず、この辺から始めていくのです。

次に、「あなたは『自分は手足がある存在《そんざい》だ』と思っているが、それ以外の姿がとれることを試してみよ。何でもよいから、一定の姿、イメージとして、何か考えつくものを言ってみなさい」と言います。

そうすると、相手は、あるイメージを述べるので、それを受けて、「あなたは、その姿になれるから、真剣に思ってみなさい」と言います。

そこで、たとえば、身長が五メートルぐらいの力士のような姿になろうとして、一生懸命に思うと、そのとおりに変化するわけです。それで、びっくりします。

こういうことを教わるのです。

そして、しだいに、「肉体的意識を取り去らないと、さらに高次の霊意識を持つことはできない」ということを知るようになります。

このように自由自在《じゆうじざい》に変化しはじめるころが、霊意識になってくるころなのです。

霊とは知性《ちせい》あるエネルギー

八次元如来界《にょらいかい》の霊は、「一即多《いっそくた》、多即一《たそくいつ》」というかたちで、いろいろな現れ方が同時にできます。すなわち、同一の霊が、複数《ふくすう》の場所に同時に現れ、違った姿で、違った仕事をすることができます。如来になると、こういうことが可能です。

この前の段階《だんかい》として、前述《ぜんじゅつ》したような、「自分の姿形《すがたかたち》を変える」という訓練が要《い》ります。これができて、次に、自分の魂を分散し、複数の霊組織《そしき》、霊形態として現れることができるようになるのです。

これは、まさしく、霊の霊たるゆえんであって、霊は、本来、姿形なきエネルギー、思考せる、知性のあるエネルギーなのです。

この本質《ほんしつ》を知ることが、「霊になっていく」ということです。

そして、さらに高度になっていくと、霊よりも、もう少し高次なものに変わっていきます。これは、霊というより、ほんとうにエネルギー体というものになっていきます。体から発想された霊があるのではなくて、エネルギー体というものがあり、これが、必要《ひつよう》な作用《さよう》として、いろいろなかたちで現れてくるのです。

それは、あるときは、形なきものとしても表れます。たとえば、勇気という意志の光として表れたり、正義《せいぎ》という意志の光として表れたりします。

あるいは、知力、知というもので表れてきたりします。それは、もはや人間の姿ではありません。そういう意志として表れてくる一つの力があるのです。このように、形なきものになっていくことも可能なのです。

こうなると、霊と呼ぶのは不適切《ふてきせつ》になると思います。もっと高次なものです。人間は、本来、そのようにでき上がっているのです。

そして、「いかに霊的であるか」ということを学ぶことが、この世とあの世とをグルグルと転生輪廻《てんしょうりんね》し、あの世の次元を移《うつ》っていく理由なのです。

2　生まれ変わりのシステムと人生計画

【質問】

紫式部《むらさきしきぶ》は、霊言《れいげん》のなかで、「生まれ変わるときは自分の意志《いし》で決める」と語っていましたが（『大川隆法霊言全集 第14巻』〔宗教法人幸福の科学刊〕）、誰《だれ》もがそうなのでしょうか。生まれ変わりの仕組みについて教えてください。

☆

人生計画の立て方は霊によって違《ちが》う

ある教団《きょうだん》では、「人間は誰しも、自分の人生についての計画を立てて、この世に生まれ変わってくる」と説《と》いています。そのため、その教団の信者たちは、人生がうまくいかないと、「自分の計画のどこにミスがあったのか。守護《しゅご》・指導霊《しどうれい》は何をしているのか」などと考えます。

しかし、計画といっても、実際《じっさい》には、その人の自覚の程度《ていど》によって、かなり差があります。

高次元《こうじげん》の霊であれば、環境《かんきょう》、両親、職業《しょくぎょう》などについて、そうとう細かいところまで計画して出てきます。

ところが、生まれ変わってくるときに、両親さえも、きちんと選ばない人もいるのです。四次元あたりには、あの世へ行っても、生きているのか

死んでいるのか、肉体なのか霊なのか、よく分からないが、とにかく成仏《じょうぶつ》だけはしているという人がいます。こういう人のなかには、時期が来たら、何となく睡眠《すいみん》のような状態《じょうたい》に入っていき、親となる人の波長に引《ひ》き寄《よ》せられて、どこに生まれるのかも分からないまま、すうっと地上に出てくる人もいるのです。

五次元の人は、もう少し目覚《めざ》めていて、両親ぐらいは、はっきり決めてきます。六次元の人は、はっきりと職業も決めてきます。

このように、意識《いしき》の段階によって、人生計画の立て方は、かなり違《ちが》います。その人の状態しだいなのです。

あの世には人生計画の調整を行う役所がある

あの世には、野良《のら》仕事をしている人もいます。そういうことが好《す》きな人のために畑もあります。たとえば、あの世でトマトをつくっていて、「トマトの出来《でき》がよかった」などと言っている人もいるのです。そういう人のなかには、霊界《れいかい》に長くいて、この世の存在《そんざい》を忘《わす》れている人もいます。

ところが、あの世には、生まれ変わり専門《せんもん》の役人がいて、資料《しりょう》を見て、「この人は、しばらく地上に出ていない」ということに気づくと、その人を呼《よ》び、「地上へ行って、勉強してきなさい」と言います。それで、そういう人も地上に出されるのです。

一方、意識が高く、自分のほうから、「ぜひ地上に出たい」と言う人もいます。こういう人は、あの世の役所に申請《しんせい》をします。生まれたい希望地や希望両親先など、人生設計を書いた願書を提出《ていしゅつ》するのです。

それを見て、役人は、「この計画は背伸《せの》びをしている。こんなよい両親のところに生まれてはいけない。ランクを一つ落とし、第二志望《しぼう》のほうにしなさい」などと意見を言います。

誰しも、いちばんよい環境のところに出たいに決まっていますが、そうはいきません。「これでは修行《しゅぎょう》にならない」という面があって、調整が入るのです。「あなたの過去《かこ》についてのデータは、すべて役所に揃《そろ》っている。あなたは、自分の傾向性《けいこうせい》を修正《しゅうせい》するのに、この環境でよいと思うか」と言われたりします。

そういう話し合いをして、ある程度《ていど》、環境を決めてから、地上に出てくるのです。そのときに、希望とは多少ずれることもあります。本人は、他《た》の人とも相談し、専門家《せんもんか》の意見も聴《き》いて、意見の合致《がっち》したところで妥協《だきょう》するわけです。

このように、自分から「出たい」と願書を出す人もいますが、前述《ぜんじゅつ》したトマトをつくっている人のように、願書を出さない人もいるのです。そういう人は、役所に呼ばれ、地上に生まれるように言われることになります。現代《げんだい》のように文明が発達してくると、地上に出たい人は、たくさんいます。いまは希望者がたいへん多く、役所は大変なのです。

過去においては狩猟《しゅりょう》時代や農業時代が長く続きました。そういう時代に何回も生まれても、それほど勉強する材料がありません。しかし、現代のように便利な時代になると、勉強の材料も豊富で、魂《たましい》の修行になるため、多くの人が役所に願書を出しているのです。

「生まれ変わりの池」に飛び込《こ》む人

役所に願書を出すという方法は、ある程度、現代的なことが分かる人の場合ですが、もっと意識が古く、そういう役所の存在さえ分からない人もいます。いまだに十二単《じゅうにひとえ》を着て生きている人もいるのです。こういう人を生まれ変わらせるには少し努力が要《い》ります。やはり、それなりの方法でやらないと駄目《だめ》なのです。

室町《むろまち》時代末期のある女性の霊言には、「生まれ変わりの池」というものが出てきます。日本人で神道系《しんとうけい》の霊人《れいじん》たちに分かりやすい場所として、「生まれ変わりの森」や「生まれ変わりの池」というものがあるのです。

そういう人たちが生まれ変わるには、生まれ変わりの森に行き、そこにあるお堂の前で産土神《うぶすながみ》に願掛《がんか》けをします。

そのあと、生まれ変わりの池を目指《めざ》して歩いていくと、やがて、森が途切れた所で三メートルぐらいの崖《がけ》の上に出ます。その崖の上に立って下を見ると、そこに直径《ちょっけい》二十メートルぐらいの池があり、その池のなかに、自分が生まれていく先の世界が見えてくるのです。

そのときに、思いっきり池に飛び込《こ》まなくてはいけないのですが、恐怖《きょうふ》心《しん》を持ち、尻込《しりご》みをして引き返す人もいます。そういう人は、守護霊や指導霊に説得され、付《つ》き添《そ》われて池の所まで戻《もど》ります。そして、池に飛び込み、地上に出てくるのです。

その霊言では、「池に飛び込むときに、そのショックで気を失い、過去《かこ》世《ぜ》の記憶《きおく》を忘れてしまう」と説明されています。

なぜ崖になっているかというと、やる気がほんとうにあるかどうかを試《ため》すためです。「地上に生まれる」ということは、「死後に地獄《じごく》へ堕《お》ちるかもしれない」という非常《ひじょう》に厳《きび》しい修行であり、簡単《かんたん》なものではありません。そこで、勇気を試すために、「崖の上から池に飛び込む」ということをさせるのです。

このように、霊界では、古い時代の意識のまま生きている人たちには、その人に合う仕組みをつくって、生まれ変わりをさせています。

一方、現代的な所では、地上に生まれ変わるためには、役所へ行って、きちんと申請し、願書に希望先を第一志望から第三志望まで書かなくてはなりません。

霊界には、いろいろな世界があるので、生まれ変わりについても、その世界に合わせた方法があります。そして、地上での修行を怠っている人を、引《ひ》っ張《ぱ》ってきてでも出す場合もあれば、自分が出たくて出る場合もあります。そのようになっているのです。

3 臓器提供者《ぞうきていきょうしゃ》の魂《たましい》の状態《じょうたい》

【質問】

死後に、臓器移植《ぞうきいしょく》によって心臓《しんぞう》や肝臓《かんぞう》などを取られるときや、火葬場《かそうば》で焼かれるときに、魂《たましい》は痛《いた》みや熱さを感じるのでしょうか。

☆

霊子線《れいしせん》が切れる前の魂は痛《いた》みや熱さを感じる

魂と肉体とは、後頭部において、「霊子線《れいしせん》」という霊的な糸のようなものでつながっています。睡眠中《すいみんちゅう》に魂が肉体を出たり、事故《じこ》が起きて意識《いしき》を喪失《そうしつ》したりしても、この霊子線で魂と肉体がつながっているかぎり、実際《じっさい》は死を迎《むか》えていないので、魂は肉体に戻《もど》ることができます。

魂と肉体をつなぐ霊子線の切れた段階《だんかい》が霊的に言って死なのです。これが、医学的な死、すなわち脳死《のうし》や心臓の停止とは別に、宗教的《しゅうきょうてき》に見た場合、あるいは霊的に真実を見た場合の死です。

霊子線が切れて魂が肉体から完全に離《はな》れるまでには、通常《つうじょう》、呼吸《こきゅう》が止《と》まってから二十四時間ぐらいかかります。人によって早い遅《おそ》いがあり、多少のずれはありますが、平均的《へいきんてき》には、だいたい二十四時間です。

したがって、死んだばかりの人を、すぐ火葬場に持っていって焼いてしまうと、焼かれる人は、霊子線がまだ切れていないので、ものすごく苦しみます。

肉体が焼かれているときに魂が暴《あば》れていることも、たまにあります。

こういう理由から、人が死ぬとお通夜《つや》をして、その翌日《よくじつ》、火葬場に持っていくことになっています。あまり早く焼かれると、魂と肉体が遊離《ゆうり》していないので痛《いた》いのです。

死んだ人をすぐに焼いてはいけません。「死後、一日置《お》く」というのは正しい習慣《しゅうかん》なのです。

昔《むかし》は、死体を焼かずに土葬《どそう》にする習慣もずいぶんありました。これは、「死んで、すぐに火葬にすると、魂が痛みや熱さを感じることがある」ということを、昔の人が知っていたからです。ただ、伝染病《でんせんびょう》の防止《ぼうし》といった衛生上《えいせいじょう》の問題などから、日本では土葬は行われなくなりました。

また、霊子線が切れるまでのあいだに臓器を取り出されると、原則《げんそく》として魂は痛みを感じます。

生前《せいぜん》、あの世をまったく信じなかった人、霊的な世界を否定《ひてい》していた人、

「死んだら終わりだ」と思っていた人は、臓器移植等《とう》で心臓などを取り出された場合には、大変な混乱《こんらん》に陥《おちい》ることがよくあります。これは現実《げんじつ》に病院で起きていることです。「死んだら終わりだ」と思っていたのに、終わりではなかったので、ものすごい恐怖《きょうふ》を感じ、それが、その人の成仏《じょうぶつ》を妨《さまた》げるのです。

これは、想像《そうぞう》してみれば分かるはずです。「死んだら終わりだ」と思って生きていた人が、死んでまだ肉体を離れていないときに内臓を切り取られたら、どのように感じるか、だいたい想像がつくと思いますが、そうような恐怖を感じます。死後の世界に関する知識《ちしき》が全然ないので、「これから、どうなるか」ということや、死後の世界でやっていけるのかどうかが分からないのです。

それから、臓器には魂とは別の意識があるため、臓器移植をすると、移植された臓器の意識が元の魂に戻りたがって、拒絶反応《きょぜつはんのう》などを起こすことがあります。それゆえ、臓器を移植された人は、あまり長く生きられずに死んでしまうこともあるのです。

霊的事実の理解《りかい》と感謝《かんしゃ》の心を

ただ、私は臓器移植をすべていけないと言うつもりはありません。

前述《ぜんじゅつ》したような霊的事実を充分《じゅうぶん》に理解《りかい》した上で、それでも、「人間は霊的な存在《そんざい》である。魂が肉体から離れるまでのあいだに、多少、痛みが感じられても、他《た》の人が命を長らえて生きていくために役に立つなら、ありがたいことである」という気持ちで肉体を差し出す人、そのように理解がきっちりできている人の場合は、そうではない人とは違《ちが》ってきます。

もちろん、そういう人であっても、死んですぐに臓器を取られると、やはり魂は痛むのですが、そういうことを理解していると、ある程度《ていど》、その痛みに耐《た》えられるようになります。

また、介添《かいぞ》えの天使などが来て、「あなたは、よいこと、立派《りっぱ》なことをしたのだ。肉体的な生命は終わったが、魂は完全なのだから、いまは傷《きず》ついたように見えても、すぐにまた元に戻る」と言って、なぐさめてくれます。

一方、臓器の提供を受けた人のほうは、感謝《かんしゃ》の心を持っていなくてはいけません。相手は、かなりの犠牲《ぎせい》を払《はら》って臓器を提供してくれているのですから、それを受け取った人のほうは、充分に感謝することが大事です。感謝しないで、物だけを貰《もら》ったように思っていると、大変なことになって、その人もまた、遠からず死ぬことになるでしょう。

まったくの無知に基《もと》づく臓器移植は危険《きけん》を伴《ともな》います。「自分の臓器を取られ驚愕《きょうがく》した人が天国に還《かえ》れない」ということがよく起きているのです。

「臓器の提供者が霊的な事実をよく理解している。そして、臓器の提供を受ける側《がわ》の人たちが、本人も、その身内も、『ありがたい』という感謝の心を持っている」、そういう調和された状況《じょうきょう》の下《もと》に行われた臓器移植は、愛の行為《こうい》になることもあります。それが拒絶反応などを抑《おさ》えるための方法です。そこまできちんと理解して行えたら合格《ごうかく》です。

ほんとうは、その点を外科医が説明できなければいけないと私は思います。

魂は多重構造《こうぞう》になっている

臓器を取られると、魂は一部が欠けることになるのですが、あの世のことが分かってくるにつれて、その欠落部分はふさがってきて、魂は元通《もとどお》りになります。

不思議《ふしぎ》なことですが、肉体を離れ、魂だけになっても、最初は生前とまったく同じような姿《すがた》を持っています。爪《つめ》もきちんとありますし、髪《かみ》の毛《け》もあります。目もあれば、まつげもあります。心臓も、手で押《お》さえてみると、きちんと動いていています。酸素《さんそ》を吸《す》っているわけではないのですが、呼吸もしています。すべての機能《きのう》がそのままあるのです。

実は、魂は多重構造《こうぞう》になっていて、内臓諸《しょ》器官は、霊的な体、広義の霊体のなかでは、「幽体《ゆうたい》」という、いちばん外側の部分にあります。この幽体の内側に狭義《きょうぎ》の「霊体」があり、その霊体のなかに、「光子体《こうしたい》」など、もっと光に満ちた部分があって、魂は何重もの構造になっているのです。

この幽体を脱《ぬ》ぎ捨《す》てる所が、四次元の「幽界《ゆうかい》」という世界なのです。死んだ人は、普通《ふつう》、いったん四次元世界に還《かえ》り、あの世の生活に慣《な》れるまで、そこにいます。地上時間で言うと、一年や三年を、そこで暮《く》らします。そのあいだに、先祖《せんぞ》や昔の友達《ともだち》など、自分より先に死んだ人が会いにきて、あの世のことをいろいろと教えてくれます。

幽界で、この世の垢《あか》を落とし、やがて一年後や三年後に、「もともと五次元の人は五次元に、もともと六次元の人は六次元に」というかたちで、本来の世界、上の世界に還っていくのですが、このときに幽体を脱ぎ捨てます。そして、幽体を脱ぎ捨てるときに、臓器の意識の部分も脱ぎ捨てることになるのです。

脱ぎ捨てられた幽体は、どのようになるかというと、通常《つうじょう》、そういう脱ぎ捨てられた幽体を集める人によって集められ、誰《だれ》かの生まれ変わりのときなどに使われることになります。

幽体を脱ぎ捨てられないで地上に執着《しゅうちゃく》している人は、幽霊《ゆうれい》というかたちで、よく地上に出てきます。幽霊というものは、幽体のレベルで出てくることになるため、血を流しているような状態《じょうたい》で出てきたりすることがあります。肉体意識に非常《ひじょう》に似《に》たかたちで出てくるわけです。

読者のなかには、死後に献体《けんたい》をしようと考えている人もいるでしょうが、霊や意識体の真実を分かった上で、そういう決意をしているのであれば、献体をしてもよいでしょう。

無知に基づく臓器提供によって起こる驚愕《きょうがく》が問題を起こしているのです。大学病院などを霊視《れいし》してみると、あちこちで霊的なわめき声が聞こえるので、それを知っておく必要《ひつよう》があると言っているのであり、霊的な事実を深く理解して行えば、臓器移植は愛の行為になることもあるのです。

4 「個性《こせい》か、憑依霊《ひょういれい》の影響《えいきょう》か」の見極《みきわ》め方

【質問】

自分の心の傾向《けいこう》について、「自分自身の個性《こせい》なのか。それとも、憑《ひょう》依霊《いれい》の影響《えいきょう》なのか」ということを見極《みきわ》める方法を教えてください。

☆

〝悪霊顔《あくれいがお》〟になっていないか

簡単《かんたん》なものとして、「鏡を見る」という方法があります。鏡で自分の顔を見れば、悪霊に憑依されている〝悪霊顔《あくれいがお》〟は、ある程度《ていど》、分かるものな

のです。

正直なもので、精神生活《せいしんせいかつ》が貧《まず》しいと、それが、だんだん顔に表れてきます。ほんとうに、尻尾《しっぽ》や角《つの》、牙《きば》が生《は》えても似合《にあ》う顔になってくるのです。

悪想念《あくそうねん》の種類は数多くありますが、それと波長の合う悪霊が必ずいます。そして、「波長同通の法則《ほうそく》」によって、その悪想念を出した人のところへやってくるのです。

その人と波長が合わない悪霊は来ません。たとえば、闘争心《とうそうしん》が強い人のところに来るのは阿修羅霊《あしゅられい》であって、通常《つうじょう》、色情霊《しきじょうれい》は来ません。波長が合わないと居心地《いごこち》が悪いので、来にくいのです。

長年、憑依霊と〝同居〟していると、憑依霊の傾向が自分の個性になりつつあることは事実です。長い人の場合は、十年以上も悪霊と一緒《いっしょ》にいますが、十年ぐらい一緒にいると、もう、どちらがどちらか分からないようになってくるのです。

普通《ふつう》は、死んで、あの世に行ってから、来世で鏡やスクリーンを見せられ、生前《せいぜん》のことを反省して、あの世での行き場所が決まるのですが、憑依霊の傾向が自分の個性の一部にまでなり、憑《つ》いている悪霊が自分自身であるかのようになった人は、死ぬと、即《そく》、その悪霊と同じ世界へ真《ま》っ逆様《さかさま》に堕《お》ちます。「反省の余地《よち》なし。点検《てんけん》される余地なし」と、問答無用で引《ひ》っ張《ぱ》っていかれるのです。

憑依霊が四、五体を超《こ》えると、だいたい、そういう傾向が強いのですが、特《とく》に、悪魔《あくま》、魔王《まおう》、あるいは、小悪魔《こあくま》という、悪魔に近い強いものが憑《つ》いている場合には、たいていはグワッと引っ張っていかれます。

本人の個性の段階《だんかい》にまでなっている場合には、もはや、あの世に還《かえ》ってから生前の生き方を点検する余地がないのです。そういう人は、要するこ

「生きながらにして地獄《じごく》に生きている」ということです。死んでからのちに地獄があるのではなく、生きながらにして、すでに地獄を生きているわけです。

まず仏法真理《ぶっぽうしんり》を知る

どうやって、それに気づけばよいかというと、「知る」ということが、すべての始まりです。「知は力なり」と言いますが、知らないことは、ほんとうに、どうしようもありません。

知は力なり。知っていることは「転ばぬ先の杖《つえ》」となります。また、知っていればこそ、転んだ場合も、けがの対処《たいしょ》の仕方が分かります。まったく知らなかった場合は、いくら、「家庭でも学校でも教わらなかった。社会に出てからも教わらなかった」と言っても、どうしようもないのです。

まず、仏法真理《ぶっぽうしんり》を知ることが大事です。知れば、道が開《ひら》ける可能性《かのうせい》はあります。

「仏法真理の書籍《しょせき》を献本《けんぽん》したり、伝道をしたりすることが大事だ」というのは、こういう理由からなのです。

ところが、そういうことをすると、あちこちで相手から嫌《きら》われたりしますす。「余計なことをするな」「変な本を送ってきた」「無理《むり》やり誘《さそ》われた」などと言われることもあります。

しかし、実は、そういうことを言う人ほど、仏法真理を知らなくてはいけない人なのです。本人は表面上は知りたくないのでしょうが、知る必要《ひつよう》があるのです。

まずは知ることです。これから始めることです。本書を一冊《いっさつ》読んだだけでも、かなり違《ちが》います。本書を読み終わるまでに、そんなに時間はかからないはずです。休日であれば一日で読めるでしょう。その一日で人生が変わるのです。

とにかく、仏法真理の伝道、普及《ふきゅう》、これ以外にありません。

そして、伝道される側《がわ》の人にとっては、生きているあいだに仏法真理に気づくことが大事です。これが、やはりすべてです。立ち直りがはじまるのは、それから先のことです。まずは知ることです。

仏法真理を求める気持ちを

次に、仏法真理を求める気持ちが起きてこなくてはなりません。これが大事です。この気持ちは「求道心《ぐどうしん》」「菩提心《ぼだいしん》」といわれるものです。これが目覚《めざ》めなくてはならないのです。

したがって、伝道においては、相手が、「初発心《しょほっしん》」、すなわち、初めての発心をなすことが大切です。

ただ、よほど悪どいことをした人の場合は、やはり改心が必要になります。そのためには、折伏《しゃくぶく》のような強い衝撃《しょうげき》を与《あた》えられなくてはなりません。そういうことがない場合には、病気、事故《じこ》、倒産《とうさん》、離婚《りこん》、身内の死など、何らかの挫折《ざせつ》が、その人を待っています。そういう挫折によって目を開《ひら》くチャンスが訪《おとず》れるのです。普段《ふだん》は、伝道されても聞く耳を持たない人も、そういう挫折のときなら、仏法真理の話を理解《りかい》できることがあります。

そういう挫折が訪れることを待つか、あるいは強い衝撃を与えるか、このどちらかが必要でしょう。

とにかく、「日本人全員に仏法真理を知らしめる」ということは、幸福の科学にとっての大前提《だいぜんてい》なのです。それを周《まわ》りから何と言われようと、怯《ひる》むことなく、やらなければなりません。目覚めのきっかけは、すべての人

に与えなければいけないのです。それは、やはり使命《しめい》なのです。

献本や伝道をされて抵抗《ていこう》する人ほど、ほんとうは、仏法真理を知る必要があるのです。そういう人に対して、北風のように激しく伝道することもあれば、太陽のようにジワジワと伝道することもあるでしょうが、やはり根気《こんき》が大事です。

伝道は「忍耐《にんたい》」の一字に尽《つ》きるのです。忍耐、この一字です。仏法真理の伝道は時間がかかるものなのです。

しかし、あくまでも目標は高く持っていなくてはなりません。

それが幸福の科学の仕事です。

まず、知らせることから始めよ。次に、求める気持ちを起こさせよ。

相手が「知る」「求める」というところまで来れば、あとは楽です。そこまで持っていくことです。

5　詩人の魂《たましい》の霊格《れいかく》

【質問】

ゲーテやハイネ、バイロンなどの詩人の魂《たましい》について、霊格《れいかく》、霊としての段階《だんかい》を教えてください。

☆

一流の詩人は霊格が高い

八次元の霊格を持っている人を如来《にょらい》、七次元の霊格の持ち主を菩薩《ぼさつ》といいますが、ゲーテは如来、ハイネ、バイロンは菩薩です。

日本人の詩人では宮沢賢治《みやざわけんじ》が菩薩です。中原中也《なかはらちゅうや》、立原道造《たちはらみちぞう》は、菩薩まては行きませんが、菩薩に近いところにいます。

一流の詩人は霊格が高いのです。詩人は極《きわ》めて霊的なので、一般的《いっぱんてき》に言って、学者より霊格が上です。学者には六次元の魂が多いのですが、一流の詩人の魂は七次元以上であることが多いのです。

三十歳《さい》ぐらいまでに若死《わかじ》にする詩人もよくいますが、詩人は心がきれいなのです。詩人は、想念帯《そうねんたい》の曇《くも》りがあまりなく、心の透明感《とうめいかん》が極めて高いため、天上界《てんじょうかい》からインスピレーションを受けることができ、そのインスピレーションで詩を書いています。その意味で、詩人には霊能者《れいのうしゃ》が多いのです。

学者として一生懸命《いっしょうけんめい》に勉強している人より、インスピレーションを受けて美しい詩を書いている人のほうが、霊格的に高い場合が多いわけです。

ゲーテは、詩だけでなく、詩以外の文学や政治《せいじ》など、いろいろな方面に才能《さいのう》を持っていました。一つの大山脈です。ああいう山脈のようになれば如来です。

また、厳密《げんみつ》な意味で詩人と言えるかどうかは分かりませんが、シェークスピアも如来ですし、文豪《ぶんごう》の夏目《なつめ》漱石《そうせき》や俳人《はいじん》の松尾《まつお》芭蕉《ばしょう》は菩薩界にいます。

宗教家《しゅうきょうか》は詩的な心で人々を導《みちび》いている

このように詩人は霊格的に高いのですが、おそらく、「短い言葉で人の心を揺《ゆ》さぶる」という霊的感化力において、教えを説《と》く人に近い部分があるのでしょう。

そういう詩人の極《きょく》にあるのは宗教家です。教えを説いた人で、詩人でない人は少ないのです。イエスも詩人です。宗教家は、たいていは詩人であり、「言葉の美しさ、響《ひび》きで、人々を感動させる」という面を持っているのです。

その意味では、イエスは最大の詩人だと言ってもよいでしょう。

孔子《こうし》も、やはり詩人です。『論語』が、なぜ、これほど長く遺《のこ》ったかというと、その言葉自体に詩としての格調《かくちょう》の高さがあるからです。だから読《よ》み継《つ》がれたのだと思います。『論語』の言葉には、最高度の洗練《せんれん》、洗練の極を見ることができます。内容《ないよう》がよくても、表現《ひょうげん》形式が優《すぐ》れていなければ、二千数百年ものちまで遺らないでしょう。詩には時代を超越《ちょうえつ》する部分があって、それゆえ、後世に遺るのです。

日蓮《にちれん》も明らかに詩人です。詩的な心でもって人々を導《みちび》いています。胸《むね》を揺さぶられなければ、人は感動しませんし、感動しなければ、人は動かず、ついていきません。

詩には、そういう究極の役割《やくわり》を果《は》たしているところがあるのです。

6　科学の進歩と魂修行《たましいしゅぎょう》のあり方

【質問】

今後、ますます科学が進歩して、地上での生活が便利になり、霊界《れいかい》での自由自在《じゆうじざい》な生活に近づいていったならば、魂修行《たましいしゅぎょう》のあり方は、どのように変わるのでしょうか。

☆

地上が発展《はってん》すると霊界も発展する

この世、すなわち地上での生活と、霊界での生活には、まだ、かなりの隔《へだ》たりがあります。しかし、両者が少しずつ近づいていることだけは確《たし》かです。

人々が地上で霊界に近い生活をするようになると、霊界も進歩します。それは、はっきりしています。地上の発展《はってん》と霊界の発展には相関《そうかん》関係があるのです。したがって、地上の発展が遅《おそ》いと、霊界の発展も遅くなります。地上での生活の記憶《きおく》を持った人が、霊界に還《かえ》ってくると、霊界は、その人たちの意識《いしき》に引きずられます。そのため、最近の霊界は非常《ひじょう》に近代的な世界になってきています。なぜなら、現代人《げんだいじん》が、霊界に還り、束縛《そくばく》がなくなって、より自由自在《じざい》になり、地上のものを霊界に再現《さいげん》しているからです。

「霊界でつくられたものが、やがて地上に下りてくる」ということも多いのですが、逆《ぎゃく》に、「地上で起きたことが霊界に影響《えいきょう》する」ということもよくあります。現代のように、地上に生まれてくる人の数が非常に多いときには、あの世も、新しいものを吸《す》いこんで、どんどん変わってきています。

霊界では、いま現代人が考えつこうとすれば考えつける範囲《はんい》のもの、「このようにしたい」と思いつくことのできる範囲のものが展開《てんかい》してきます。現代人が思い描《えが》くことのできないことは展開しません。このようになっているのです。

現代《げんだい》の霊界には自動車も飛行機もある

二十世紀以降《いこう》、霊界では、自動車も走っていますし、飛行機も飛んでいます。

現代では自動車産業で大勢《おおぜい》の人が生計を立てていますが、そういう人たちのなかには、死んで、あの世に還ってから、「ほかにできる仕事もないから、とりあえず」などと言って、あの世で自動車をつくったりしている人もいます。

あの世の人も、やはり、生前《せいぜん》にしていた仕事をしたがるものなので、自動車をつくる人がたくさんいると、そういう世界ができてきます。そして、彼《かれ》らは自動車に乗っているつもりでいるのです。

一部には、そういう霊界もできています。これは間違《まちが》いなく十九世紀まではなかった霊界です。

また、霊界では飛行機が要《い》るはずはないのですが、なぜか飛行機のパイロットをしている人も実際《じっさい》にいます。

そういう新しい様式が、どんどん取《と》り込《こ》まれてきていて、あの世も変わってきつつあるのです。

現代人が、あの世に還って、昔《むかし》の様式で生活したのでは、退屈《たいくつ》してしまいます。そのため、現代人が、大勢、霊界に還ってくると、自分たちに合った世界をつくりはじめるのです。それで、どんどん、あの世も変わってきています。

この世とあの世とは相関関係にあります。この世が発展すると、あの世には、また新たな世界ができてきて、あの世の人たちも刺激《しげき》を受けるのです。したがって、この世がいくら発展しても困《こま》ることはありません。

霊界で時代遅《おく》れになった人は地上に生まれ変わる

新しく霊界に来た人たちは、地上にあるものを霊界でもつくりはじめたりするのですが、何百年も前に死んで古くから霊界にいる人は、それが何であるかが分かりません。

あの世の人で、意識して地上の様子《ようす》を見ている人は少ないのです。地上の人の守護霊《しゅごれい》をしている人は、当然、見ていますが、それ以外の人は地上には関心がありません。あの世に来て何百年かたつと、地上のことは、遠い昔のことであって、ほとんど忘《わす》れています。自分がいた国についても、「そんな国があったかな」というようなレベルなのです。

そういう世界に新しく人が入ってきて、いろいろなものをつくったり、新しい街《まち》をつくったりすると、そこに古くからいる人は、「この人たちは気が狂《くる》っているのではないか」と思って、意見を言うことがあります。しかし、新しく来た人は、「いや、あなたが古いのだ」と言うため、意見が分かれて決着がつきません。

そこで、新しい人が古い人に対して、「では、地上に生まれてきてください」と言って、地上に出ることを勧《すす》めたりすることも起きています。

また、地上で生きた時代が古くなりすぎて、新しいものを理解《りかい》できなくなった人が、「私は、頭が古くなったから、また地上に生まれ変わってみよう」と考えることもあります。

もちろん、六次元光明界《こうみょうかい》の上段階《じょうだんかい》以上の人たちは、地上の最新の様子を、ある程度《ていど》、知っているので、問題はないのですが、六次元の中段階以下の人は、けっこう生前の生活に引きずられ、そのころの意識で生活しているため、地上が変化していても分からなくなっています。

そのため、生まれ変わりの周期を短くしないと、最近のことが分からなくなり、時代遅《おく》れになります。新しく入ってきた人が話す内容《ないよう》を理解できず、何のことを言っているのか、さっぱり分からないので、「そろそろ、また生まれ変わりなさい」と言われることになるわけです。

こういう理由から、最近は、生まれ変わりの周期は短くなってきています。そして、あの世も、かなり変わってきています。

私は、あの世のさまざまな霊人《れいじん》から霊示《れいじ》を受けていますが、最近、あの世に還った人は、最近の人の感覚で、あの世のことを理解し、説明してくれます。日本にも外国にも、立派《りっぱ》な人はいますが、そういう人が亡《な》くなって霊界へ行くと、私は、その人と話ができるようになり、「あなたは、これについて、どう考えるか」などと訊《き》くことができます。その人を当会の支援霊《しえんれい》として使えるわけです。

この世とあの世は影響し合いながら発展しています。したがって、この世がどんどん発展すること自体は決して悪いことではありません。それによって、「地上で修行することがなくなる」という状態《じょうたい》は、ほとんど来ないのです。もしそうなったときには、この地球から出て他《た》の惑星に移り、そこで新たに修行することになるでしょう。

7

転生輪廻《てんしょうりんね》と魂《たましい》の進化

【質問】

魂《たましい》は、永遠《えいえん》の生命を持ち、何百回も何千回も転生輪廻《てんしょうりんね》を繰《く》り返していますが、これからも延々《えんえん》と転生しつづけると、どうなっていくのでしょうか。

また、九次元の大霊《たいれい》は、最初から、そういう霊格《れいかく》を与《あた》えられていたのでしょうか。それとも、何回も転生し、努力して、九次元霊になったのでしょうか。

☆

九次元霊は先生役として創《つく》られた霊

まず、後半の質問に対して答えます。

『太陽の法』(前掲)に書いてあるように、地球で進化して八次元まで行っている霊は、かなりいます。

しかし、現在《げんざい》、地球にいる十体の九次元霊は、ある程度《ていど》、先生役としての使命を果《は》たすために創《つく》られた霊です。

こういう人たちは、次にどうなるのでしょうか。実は、このなかで、やがて地球での使命の終わる人が出てくるのです。そうすると、その人は、もっと自分に合った環境《かんきょう》の星に移《うつ》って、その星で指導者《しどうしゃ》をします。そういうことを繰り返したあと、十次元へと進化していくのです。

このようにして上の霊が抜《ぬ》けると、八次元にいる霊が九次元に上がっていきます。こういうかたちでの進化があるのです。

これは、ある意味で、会社と同じです。会社の役員は任期《にんき》を終えれば退《たい》任《にん》しますが、地球なら地球という磁場《じば》で仕事が終わった霊は、たいていの場合、他《た》の星に移っていきます。そして、星は非常《ひじょう》に数が多いので、どのような魂修行《しゅぎょう》をするかによって、行く星は違《ちが》ってきます。そういうかたちになっているのです。

いま地球にいる十体の九次元霊も、実は、いろいろな星から来ています。

転生すると魂の経験《けいけん》が増《ふ》える

次に、前半の質問に答えましょう。

「延々と転生しつづけると、魂は、どうなるのか」ということですが、それは人それぞれです。ある人が将来《しょうらい》どうなるのかは保証《ほしょう》の限《かぎ》りではありません。

現時点《げんじてん》で見たとき、魂によって、それぞれ進化の段階《だんかい》が違うことは事実です。

現状維持《げんじょういじ》を続けている人、「適度《てきど》に上がり、適度に下がり、上がったり下がったりしながら、ほぼ同じ位置にいる」という人もいます。また、「下がりっぱなし」という人もいますが、底《そこ》があるので、それ以上は下がりません。

ただ、長い目で見たときに、地球系霊団《ちきゅうけいれいだん》は魂の集団《しゅうだん》として全体的には進歩していると言えます。

地球という磁場で人間が魂修行を始めて約四億年たちましたが、この間《かん》、この修行場で、いろいろな法が説《と》かれました。それを学び、生きてきた魂たちは、新しいものを必ず学んでいます。その部分だけを集合として見たときには、やはり、必ず何かを得《え》ているのです。

霊格の上下のほかに、魂の器《うつわ》の幅《はば》というものがあります。霊格そのものは上がらなくても、さまざまな経験《けいけん》を積《つ》むことによって魂の器の幅が広がり、「魂自体の器が大きくなる」ということはあります。転生をすると、魂の経験だけは確実《かくじつ》に増《ふ》えます。こういう意味での進化はあるのです。

そして、魂は、長年の転生の過程《かてい》で、緩《ゆる》やかに進化していきます。その途中《とちゅう》で魂が急に進化した場合には、その人にふさわしい霊界《れいかい》へと移っていくのです。

集団で他《た》の惑星《わくせい》へ移動《いどう》する人たち

また、地球には、いま、地上に六十数億人、霊界に四百五十億人ぐらいの人がいますが、このなかの一部が地球を出ていくことが、だいたい決まっています。あと千年ぐらいで地球から他の惑星《わくせい》に移っていきます。これは地球での勉強がかなり終わった人たちのグループですが、他の惑星では、まだ勉強することがあるのです。このような、集団での移動《いどう》もあります。

それと同時に、現在、他の惑星から魂が数多く地球に来ています。肉体を持って三次元に来ているだけではなくて、霊の集団として地球に入ってきているのです。そして、地上で新たに肉体を持ち、初めて地球人となった人は、いま、かなりいます。

具体的《ぐたいてき》な国名は挙げませんが、急速に人口が増えている国が幾《いく》つかあるはずです。日本の近くにも遠くにもあります。そういう国には、初めて地球で魂修行をしている魂も数多く出ています。そして、「とりあえず、地球人の感覚を味わう」という経験をしているのです。

このように、大きな観点からの移住《いじゅう》、移転《いてん》があって、進化計画ができ上がっています。

ただ、それは、集団としての場合であって、個々人《ここじん》、一人ひとりをとった場合には、やはり、その人の努力によって、いろいろと心境《しんきょう》は変わっていくのです。

一時的に犬や猫《ねこ》に転生する人間もいる

人間の魂は人間の肉体に宿ります。これは原則《げんそく》です。ただ、一部の例外として、人間の魂が、一時期、動物の肉体に宿ることがあります。

地獄《じごく》には幾つか種類がありますが、そのなかに、「動物界」、別名「畜生《ちくしょう》道《どう》」と言われている地獄があります。そこにいる人たちは動物とそっくりの姿《すがた》になっています。

芥川龍之介《あくたがわりゅうのすけ》の小説「杜子春《とししゅん》」に、その世界の住人が描《えが》かれています。主人公である杜子春の両親が畜生道に堕《お》ち、顔は人間で体が馬になっていたのです。

ただ、実際《じっさい》には、体だけでなく顔も動物に変わってしまっている人が数多くいます。

そういう世界に堕ち、そこに何百年もいる人は、しだいに、自分が人間であることを忘《わす》れていき、心情《しんじょう》が動物になりきってしまい、自分は動物になったつもりでいます。そして、苦しいので、供養《くよう》してほしくて神社仏閣《ぶっかく》に現《あらわ》れることもあります。

そういう畜生道に堕ちた者のうち、年月を経《へ》て、恨《うら》みや悔《くや》しさなどの念が浄化され、ある程度《ていど》、清算ができた段階《だんかい》になる魂もいます。

そのなかには、人間としての尊厳《そんげん》の部分を、かなり失っている者がいて、そういう者たちの一部は、家畜《かちく》という、人間に身近な動物に宿って、一年や二年ぐらいの魂修行をすることもあります。ただ、そういう者たちは、心のなかに、まだ人間としての意識《いしき》を持っているので、「人間が動物の肉体に宿る」という、非常に変わった体験をすることになります。

たとえば、人間の考えていることが実によく分かる犬など、犬や猫のなかには極《きわ》めて人間的なものもいますが、こういうものには人間の魂が入っていることもあるのです。

なぜ、そういうことがあるかというと、人間として生まれることの大切さを体験するためです。いったん動物の体験をして、次に人間に戻《もど》されるのですが、このときに、「人間に生まれるということは、どれほどありがたいことか」ということを、じっくりと感じるのです。

ずうっと人間であるうちに、人間に生まれることのありがたさが分からなくなる人がいます。そういう人は、たまに、「動物の肉体に宿る」という体験を一、二年やってみると、「書けて、話せて、自由《じゆう》に行動できる」ということが、どれほど喜ばしいことかが分かるようになるのです。ただし、ここまで行く人は、かなりの落第です。

動物の魂が人間の魂に進化する場合

動物の魂のなかには、一部、人間の魂になるものもいます。魂の進化が宇宙《うちゅう》の一つの法則《ほうそく》であるならば、それは、当然、考えられなければならないことです。

動物にも魂の境涯《きょうがい》がいろいろあります。もちろん、見た目で感じるとおり、両生類《りょうせいるい》や爬虫類《はちゅうるい》よりも哺乳類《ほにゅうるい》のほうが霊的には高いと言えるでしょう。また、哺乳類のなかでも、家畜や、それに近いもののほうが、「人間的感《かん》情《じょう》を有している」という意味で、霊的には高いことが分かるでしょう。

トラやライオンなど、猫の仲間《なかま》の野獣《やじゅう》は、魂が進化してくると、次は猫に生まれます。オオカミのたぐいは、今度は犬として生まれてきます。これは、かなりの進化です。

ただ、これだけでは、一気に人間になることはできません。家畜となって、長年、生まれ変わり、人間の生活や感情を勉強しているうちに、その家畜のなかで特別《とくべつ》に優《すぐ》れたものが出てきます。「名犬ラッシー」という映《えい》画《が》に出てくるような犬や、渋谷《しぶや》の忠犬《ちゅうけん》ハチ公など、動物たちのなかの英雄《えいゆう》が、たまに出てくるのです。こういうものたちは、一定のレベルを超《こ》えた場合、人間の魂に進化します。

六次元光明界《こうみょうかい》にいる諸天善神《しょてんぜんしん》のなかには、稲荷大明神《いなりだいみょうじん》というものがいます。彼《かれ》らは、動物の転生を司《つかさど》っていて、動物の魂から人間の魂への進化の許認可《きょにんか》を行っています。動物から人間へ魂が進化するときには魂の性質《せいしつ》が変わります。

魂修行のチャンスは永遠に用意されている

たとえば、人間が地球以外の惑星にいる異星人の体に魂として宿ったならば、それは、おそらく、これまでとはまったく違った経験になるでしょう。

異星人のなかには、手が六本あるものもいます。身長が一メートルぐらいのものもいれば、ものすごく大きいものもいます。そういう体に入って魂修行をするということは、また新たな経験なのです。それが、どのくらい魂の進化になるかは分かりませんが、新たな経験であることは事実です。

転生輪廻を永遠に繰り返す以上、魂修行のチャンスは永遠に用意されているのです。

それが私たちの世界の秘密《ひみつ》です。

第4章

最新霊界《れいかい》事情

1 霊界《れいかい》でも建立《こんりゅう》が始まった「幸福の科学の精舎《しょうじゃ》」

父・善川三朗《よしかわさぶろう》名誉《めいよ》顧問《こもん》からの霊界通信《つうしん》

私の法話《ほうわ》について、「あの世話《ばなし》が少し入っているほうが分かりやすい」という声も、ちらちらと聞こえてくるので、最近、私が見たことや経験《けいけん》したことを、「あの世のよもやま話」とでもいう感じで、雑談風《ざつだんふう》に述《の》べることにしましょう。

私にとっては、当然と思うことでも、学ぶ人にとっては、そうではないことがよくあるらしく、どんなところで関心を引くか分かりませんが、あの世についての話をしてみたいと思います。

二〇〇三年八月十二日に、私の父である善川三朗《よしかわさぶろう》・幸福の科学名誉顧問《めいよこもん》が帰天《きてん》したため、そのあと、私は霊界《れいかい》との交渉《こうしょう》が煩瑣《はんさ》になり、さまざまな経験をしました。

父は、あの世から、いろいろと伝えたいことがあるようでしたが、私のほうで、「しばらく霊界での経験を積《つ》んでからのほうがよいのではないか」と言って、それを止《と》めていたのです。しかし、帰天後、三、四カ月して、「もう、これ以上、待てない」ということで、二〇〇三年十二月の初めごろから霊界通信《つうしん》を送ってきはじめました。それで、「善川三朗の霊言《れいげん》」というものを何本か録《と》ったわけです（帰天の年の霊言が『善川三朗の霊言――帰天説法①』『同②』『同③』として、帰天満三年の記念日の霊言が『同④』として発刊されている〔宗教法人幸福の科学刊〕）。

母の夢《ゆめ》に正装《せいそう》で出てきた父

父が帰天してから、三、四カ月ほどのあいだ、郷里《きょうり》の四国《しこく》にいる母は、「名誉顧問が、まったく夢《ゆめ》に出てこない」と、ずいぶん嘆《なげ》いていました。「天上界《てんじょうかい》に還《かえ》ったものの、全然、夢に出てこない。普通《ふつう》、死んだ人は、夢《ゆめ》枕《まくら》に立って何か言うものだけれども、何も言ってこない。まったく夢に出てこない。不思議《ふしぎ》だなあ。どこへ行ったのだろうか」と言っていたのです。実際《じっさい》は、「あの世のよい所へ行って修行《しゅぎょう》をしていたので忙《いそが》しかった」ということのようです。

帰天後三カ月半ぐらいして、十二月に入ると、名誉顧問は、「やっと霊界通信のお許《ゆる》しが出た」ということで、霊言を送ってきました。そして、私が、録った霊言のテープをコピーし、四国の母に、「名誉顧問がこんなことを言ってきたよ」と言って送ったところ、母のほうも、ちょうど霊言が降《お》りたころに、「珍《めずら》しく、亡《な》くなった名誉顧問の夢を見た」ということでした。

その夢は、非常《ひじょう》にリアルで、「家の玄関《げんかん》の前に黒塗《くろぬ》りの車が着き、パッとドアがあいて、亡くなった名誉顧問が降りてきた。それも、紋付《もんつ》きの羽《は》織袴《おりはかま》という完全な正装《せいそう》をしていて、黒塗りの車から自信満々の感じで降り、玄関からドンドンドンドンドンと入ってきた」というものです。

夢のなかの父は、ずいぶん威張《いば》っていて、「こんな姿《すがた》は見たことがない」というような正装をしていたそうです。生前《せいぜん》は羽織袴など着なかった人なので、これは珍しいスタイルです。

そして、玄関をあけて入ってくると、「わしは、このとおりピンピンしている。それなのに、みんなで、わしを死んだことにして、『死んだ、死んだ』と言って葬《ほうむ》り去るとは、けしからん。わしは、このとおり元気いっぱいだ」と言ったそうです。そのようなかたちで挨拶《あいさつ》に現《あらわ》れたわけです。

母は、「そういう夢を見て一日か二日したら、霊言のテープが送られてきたので、霊言が降りたのと夢を見たのとは、ちょうど同じころだ」と言っていました。

これは、心理学的には「共時性《きょうじせい》」といわれるもので、「まったく同じ時期に、お互《たが》いに連絡《れんらく》なしに、同じようなことが起こる」というものです。

その夢は、父が、「いよいよ復活《ふっかつ》するぞ」ということを、母のところへ報告《ほうこく》に行った、証明的《しょうめいてき》なものだったのでしょう。

そういうことが、二〇〇三年十二月に、同時的に起きたのです。

霊界に建設中《けんせつちゅう》の精舎で名誉顧問と会う

そして、二〇〇四年の一月に入ってからのことですが、私は、夜中の二時ごろに肉体を抜《ぬ》け出して霊界に行ったときに、あの世で名誉顧問と会い、あの世での仕事を見せてもらいました。

あの世でも、幸福の科学の精舎《しょうじゃ》が建ちはじめているので、それを見せてもらったのですが、まだ完成はしていませんでした。

一般《いっぱん》信者向けに五次元世界での建立《こんりゅう》のようでしたが、緩《ゆる》やかな丘陵《きゅうりょう》で、草原のように、周《まわ》りに草がたくさん生《は》えていました。そういう所に、二棟《ふたむね》の大きな精舎が建っています。地上のどこかの精舎に似《に》ているようでもあり、どの精舎にも似ていないようでもありました。

二棟が並《なら》んで建っていて、一方の精舎は少し高い所にあるのですが、その二棟のあいだに渡《わた》り廊下《ろうか》が通《とお》っているのです。

それは、コンクリートのようにも見える、やや白っぽい建材《けんざい》でできていて、外から見える部分の、腰《こし》の位置から上ぐらいのところは、模様《もよう》の付いたガラス風のもので仕切られています。

二つの精舎をつないでいる渡り廊下までできていましたが、全体はまだ完成していないようでした。

その渡り廊下のところで名誉顧問と会って話をしたのですが、名誉顧問から問題提起《もんだいていき》をされました。

どのような問題提起かというと、「霊界に幸福の科学の精舎をつくって、研修《けんしゅう》を行うということだが、総裁《そうさい》は、この世のことにかまけていて、霊界での精舎研修について明細《めいさい》を定《さだ》めていない」というものです。

確《たし》かに、まったく考えていなかったのです。そのため、「精舎を建てても、何をしたらよいかが分からない。研修についての式次第《しきしだい》や明細ができていない」と言われたのです。私は、死んだ人のことをあまり考えていなかったのですが、確かに、そのようなことは、次のニーズとしてはあるだろうと思います。

それで、「地上では、いろいろな研修を各《かく》精舎で行《おこな》っているけれども、霊界では、どれをやったらよいのか。こちらの世界は肉体がないので、地上と同じではないだろう。総裁が決めないことには、できないではないか。いまは、建物《たてもの》がまだ完成していないから、研修を受けに来る人もいないけれども、精舎が完成して研修をするとなったら、どうしたらよいのだ」と言われたのです。

精舎の渡り廊下のところで、立ち話風に議論《ぎろん》をしたのですが、そういう問題提起をされました。

やがて霊界でも精舎研修《けんしゅう》が始まる

さらには、「こんなに大きな精舎を建てて、誰《だれ》が研修《けんしゅう》を運営《うんえい》するのだ。わしと、あとは、元本部講師《こうし》としては、作家のＫ・Ｔさんと俳優《はいゆう》のＮ・Ｋさんぐらいしかいないではないか。二人とも、まだ天使にはなりきっていない。背中《せなか》に羽《はね》が生えかかってムズムズしている感じだが、まだ修行中で、こちらでしごかれている状況《じょうきょう》である。彼《かれ》らを使って三人で研修をやるということでは、いかにも心許《こころもと》ない。運営系《うんえいけい》のほうも心許ないし、彼らの説法《せっぽう》も、それほど大したものではなさそうに思うし、テキストも充分《じゅうぶん》にはない。どうするのだ」と言われました。

あの世の研修体制《たいせい》が整うには、いまの講師陣《じん》が年を取って帰天するまで待たなければいけないのですが、それには、あと二十年ぐらいかかります。

「そのあいだは、しかたがないので、年配の信者があの世へ還《かえ》ったら、茶飲み話でもしていてほしい。研修はできないので、お茶でも飲んで話をしていてもらえないか」というふうに話をしたのですが、名誉顧問は非常に不満顔でした。

名誉顧問は、わりに完全主義者《かんぜんしゅぎしゃ》なので、「受け入れ体制ができていないのに、信者に来てもらっては困《こま》る」という感じなのです。

それならば、あの世で回峰行《かいほうぎょう》でもつくるしかありません。「精舎で一休《ひとやす》みして、あとは山を歩いてください」ということにでもしないと、しかたがないでしょう。

精舎の建設《けんせつ》は、そのあたりまで進んでいて、建物の外観《がいかん》はかなりできていましたが、まだ礼拝堂《らいはいどう》は建っていませんでした。宿泊施設《しゅくはくしせつ》のようなものが二棟《ふたむね》と、渡り廊下までができていました。

あとは、あの世にいる高級霊団《こうきゅうれいだん》の誰かを呼《よ》んで、講師をやってもらうしかありません。

あの世でも、「どのように受け入れ体制を整えて、どのように運営していったらよいか」という点など、初めてのことについては、いろいろと困ることがあるようです。

この世の人が、あの世の研修についてまで口を挟《はさ》むのは難《むずか》しい面がありますが、幸福の科学は新しいものなので、「昔《むかし》の人に、昔のやり方で、あまり勝手なことをされても困る」という面もあります。

講師陣が充分でないうちに、あの世へ還った人は、しばらくのあいだ、あの世の風景《ふうけい》などを楽しんだり、この世の様子《ようす》でも見たりしながら、時を過《す》ごしていただければよいと思います。

やがて、二、三十年したら、霊界でも、あちこちの精舎で、きちんとした研修が始まると思います。

このようなことを、最近、名誉顧問に関係することで経験しました。

2 地上の流行《りゅうこう》を決める「美の女神《めがみ》」

水晶《すいしょう》の山で見た、美の女神たちの踊《おど》り

私は、同じ一月の別《べつ》の日には、ある霊界《れいかい》の山のほうへ行きました。

そのときは、案内役《あんないやく》として、頭がだいぶはげ、白髪《しらが》、白《しら》ひげで、杖《つえ》をついた老人《ろうじん》が出てきました。おそらくドイツ系《けい》の霊人《れいじん》だと思いますが、その老人に案内されながら山道を上がっていったのです。

しばらくすると、周《まわ》りがだんだん水晶《すいしょう》の山のようになってきました。山

道の両側《りょうがわ》に、六角柱《ろっかくちゅう》のような形で先の少し尖《とが》った水晶が、木の代わりにたくさん生《は》えているような所でした。

そこを上がっていったのですが、途中《とちゅう》に休憩所《きゅうけいじょ》のような所があり、「食事でもしましょう」と言われて、そこに入りました。霊界としては、ドイツ系霊界の近所だと思うのですが、小人《こびと》に近いような、かわいらしい人たちが出てきて、シチューなど、いろいろなものを出して接待《せったい》してくれたのです。

一休《ひとやす》みしたあと、また少し歩いていくと、だんだん、本格的《ほんかくてき》な、全体が水晶でできた山になってきました。その水晶の山は、全体が、あちこちで、さまざまな色に変わるのです。

その山間《やまあい》の窪地《くぼち》に入っていき、「ここは、いったい、どういう世界なのだろうか。初めて来た所だな」と思っていると、四人の美しい女性が出て

きて、踊《おど》りはじめました。昔《むかし》であれば、これは、天女《てんにょ》のスタイルでの「天女の舞《ま》い」になるのでしょうが、その女性たちは、それほど昔風《むかしふう》でもなく、現代的《げんだいてき》な衣装《いしょう》を着ていました。パリコレ（パリ・コレクション）のような感じの、新しい衣装を着た女神《めがみ》が四人出てきたのです。

彼女《かのじょ》たちは、「私たちは美の女神です」と言っていました。確《たし》かに、四人のうちの一人はアフロディーテであることを確認《かくにん》しましたが、あとの三人についてては身元《みもと》が分かりませんでした。

四人は、それぞれ衣装を着て踊っているのですが、踊って回転するときに、着ている衣装の色が変わるのです。たとえば、黄色い衣装を着ているとすると、スーッと回転したときに、それが、水色やピンクや紫《むらさき》など、違《ちが》う色にパーッと変わっていきます。そのように、四人がそれぞれ違う色に変わりながら踊るのです。

そして、その周りには、木や柱のように水晶がたくさん立っているのですが、服の色が変わると、その服の色が水晶の林に映《うつ》って水晶の色が変わり、周りの景色《けしき》がザーッと変わっていくのです。

それは、何とも言えない美しさで、「こういう色彩《しきさい》感覚の世界があるのか」と思いました。踊っている人の衣装の色が変わっていき、お互《たが》いに影響《えいきょう》し合っていて、さらに、その踊っている姿《すがた》が水晶の林に映り、透明《とうめい》な水晶にそれぞれ色がついて見えます。プリズムにかけた光のように、さまざまな色があり、この世では表現《ひょうげん》できないような不思議《ふしぎ》な色に、どんどん変わっていくのです。

美の女神の世界は地上のブランド店に通じている

しばらくのあいだ、それを私は感嘆《かんたん》して見ていたのですが、そのあとで、

「ここは、いったい、どういう世界なのか」と説明を求《もと》めたところ、彼女たちは、「ここは美の女神の世界なのです」と答えました。

それは、見ても分かるので、「ここは、どういう役割《やくわり》をしている世界なのか」と訊《き》くと、そのなかの一人が、「それでは説明しましょう」と、案内役を買って出てくれました。

彼女の話によると、その、踊《おど》り場《ば》のような、水晶に囲《かこ》まれた窪地《くぼち》から、地上のさまざまな場所に通じているということでした。「そこへ連れていってあげましょう」と言うので、ついていくと、地上のいろいろな所に出口があって、ある出口から出てみると、そこは大きなホテルでした。

ホテルのなかには、シャネルやエルメスなど、さまざまなブランドの店がよくあります。美しい服やスカーフ、指輪等《ゆびわとう》の宝飾品《ほうしょくひん》、香水《こうすい》など、いろいろなものを置《お》いている、きれいな店が、ホテルのなかによくありますが、美の女神の世界から、ホテルのなかの、そういう店に通じていて、そこに出られるのです。

美の女神の世界と通じているホテルは幾《いく》つかあり、私が知っているホテルもありました。美の女神の世界は、外国や日本のホテルのなかにある、少し格《かく》の高い、美の追求《ついきゅう》をしているような店に通じているのです。そこへ出られるので、「ほう、こんな出入り口があるのか」と驚《おどろ》きました。

『愛は風の如《ごと》く』（①～④　幸福の科学出版刊）には、人魚姫《にんぎょひめ》の世界の話で、「人魚の世界にある湖から世界各地《かくち》の海に出られる」ということが書いてありますが、美の女神の世界から、ホテルのきれいな店に出られるのです。美の女神たちが「美しさ」について指導《しどう》している、美の代表のような店に出られるようになっています。「ここで地上と接触《せっしょく》しているのか」という感じです。

みなさんがよく知っている、いわゆるブランドものの店も幾つか見ました。

ただ、全体に外国系《がいこくけい》の店に見えました。もしかしたら、日本の店もあるのかもしれませんが、私が見たかぎりでは、外国系の、美に関係する店でした。

これは、私にとっても初めての経験《けいけん》でした。美の女神たちは、そういうかたちで地上に自由に出入りして、この世の指導をしているのです。

その先については確認しませんでしたが、おそらく、デザイナーやファッションモデルなど、さまざまなところまで通じていっているのでしょう。

霊界には、このようなかたちで仕事をしている人たちがいることを知りました。

美の女神たちが踊っているときの服装《ふくそう》も、天女の羽衣《はごろも》ではなく、ややパリコレ風のものだったので、彼女たちが美の概念《がいねん》のようなものを発信《はっしん》していて、それを地上の人が受け取り、さまざまなものをつくっているということなのでしょう。

おそらく、「今年《ことし》の流行《りゅうこう》は、これだ。今年は、こういうものを流行《はや》らせたい」という念波《ねんぱ》も、そこから発信されているのだと思います。その念波を受け取って、いろいろなスタイルやファッションが地上で流行っているのでしょう。

美の女神の世界には、めったにお招《まね》きがかからないので、私としては、珍《めずら》しいタイプの所へ行ってきたと思います。

特《とく》に、「同時に色が変わっていき、お互いに影響し合う」という色彩感覚が珍しくて、「こんな世界があるのか」と感じました。

そのときは、匂《にお》いについては意識《いしき》しなかったのですが、おそらく、匂い

系統《けいとう》の霊界もあるのだろうと思います。さまざまな匂いを使って香水などをつくっている世界も、たぶんあるはずです。

3　太陽神《たいようしん》として讃《たた》えられる

インド霊界《れいかい》にある「須弥山《しゅみせん》」を訪《たず》ねる

さらに、同じ月のあいだに、違《ちが》う霊界《れいかい》へも行ってきました。

その日は、「いままで経験《けいけん》した体外離脱《たいがいりだつ》、幽体《ゆうたい》離脱のなかでも、飛ぶ速度が非常《ひじょう》に速いな」と感じました。ゴーッという音を立てて、上へ上へと上昇《じょうしょう》していく感じなので、「きょうは、珍《めずら》しく速く飛んでいるな。どこへ行くのだろうか」と思いながら飛んでいくと、しばらくして、大きな山が見えてきました。

印象《いんしょう》としては、ヒマラヤのようでもあるのですが、もう少し細長くて高い山です。ヒマラヤは、高いけれども、けっこう末広《すえひろ》がりの山です。そういう山ではなく、細長くて、とても高い山なのです。高さが分からないぐらい高いのですが、下のほうは、それほど広くなく、やや狭《せま》くて、スーッと上に伸《の》びているのです。

気がつくと、その山の壁面《へきめん》のあたりを、上に向かって垂直《すいちょく》に飛んでいました。ビュンビュンと飛んでいきながら、「なかなか高い山だな。この山は何なのだろうか」と思っていると、霊人《れいじん》から、「これが、あの有名な須《しゅ》弥山《みせん》なのです」という説明を受けました。

「インドには、須弥山という山がある」と、昔《むかし》から伝説的に言われています。しかし、この世には、そういう山はありません。この世のインド周辺にはヒマラヤか崑崙山脈《こんろんさんみゃく》ぐらいしかないので、そこにある山を指《さ》している のではないかとも考えられていますが、そうではなく、霊界の山なのです。

須弥山は、尖《とが》っていて非常に高い山です。雪を頂《いただ》いてはいませんでしたが、高さは、一万メートルなどというものではなく、もっとあるように感じました。

上がっていく途中《とちゅう》で、雲を輪切《わぎ》りにしたような風景《ふうけい》が何度も見えました。須弥山のそれぞれの場所に神々が住んでいるのです。

全体的には、そこがインド霊界であることは明らかで、インドの有名な神々に数多く会いました。「こういう神もいたな」という、私の知っている神が、あちらにもこちらにもたくさんいるので、いろいろな所へ行って、挨拶《あいさつ》をし、話をしては、また一段階《だんかい》、上へ上がっていくという感じでした。

そのようにして、どんどん上へ飛んでいったのです。

インドの神々からの祝福《しゅくふく》

そして、とうとう頂上《ちょうじょう》まで行き、もう上がなくなってしまいました。「これで終わりなのかな。あとは、どうしたらよいのかな」と思っていたら、その須弥山《しゅみせん》の頂上で表彰式《ひょうしょうしき》のようなことが行われて、私はインド霊界から表彰されたのです。

まず、インドの衣《ころも》を貰《もら》いました。鶯色《うぐいすいろ》を基調《きちょう》にして、黄色と赤の入った、原色の色合いの衣であったことを覚《おぼ》えています。その衣を着せてもらい、その上にマントのようなものをかけてもらったあと、戴冠式《たいかんしき》があって、王冠《おうかん》のようなものを頭に被《かぶ》せてもらいました。それを自分の目で見ることはできませんでしたが、さらに、宝石《ほうせき》の入った錫杖《しゃくじょう》のようなものまで貰いました。

それで、「これは、いったい、どういうことなのか」と訊《き》いたところ、「あなたは、インド霊界の、インドの神々のなかで、いちばん偉《えら》い神であることを認定《にんてい》されたのです」と言われました。最近は、インドのことを少し忘《わす》れていたので、「そういえば、インド霊界の、インドの神々の世界というものもあったな」と思ったのですが、「インドの神々の世界で、いちばん偉い神である」と認定されて、インドの神々から祝福《しゅくふく》を受けたのです。

インドのヒンズー教では、仏陀《ぶっだ》はヒンズー教の神々のなかの一人なのです。ヴィシュヌ神《しん》の変化身《へんげしん》というものが十種あるのですが、仏陀は、そのなかの一人として、ヴィシュヌの分身のような言い方をされています。

そのように、「仏陀はヴィシュヌの化身《けしん》である。インドには、仏陀と同じように偉い神はたくさんいて、仏陀も、その神々のなかの一人である」

という扱《あつか》いだったはずなのですが、このたび、「インド霊界の神々のなかで、いちばん上に立った」という認定を受けたわけです。

そのときに、私は名前を呼《よ》ばれたのですが、それは「エル・カンターレ」ではなく、違う名前でした。その名前は失念《しつねん》してしまいましたが、インドの神々に讃《たた》えられ、貰った名前は、翻訳《ほんやく》すると、「太陽神《たいようしん》」という意味でした（たぶん「スーリヤ」〔sūrya〕だったと思う）。

それは、須弥山の頂上の上にかかっている太陽のイメージでしょうか。インド霊界の頂点《ちょうてん》に立つ者の称号《しょうごう》として、太陽神というイメージで呼ばれたのを覚えています。

こういう経験は、めったにないことであり、かなり縁起《えんぎ》のよい経験だと思います。インドの神々も、私のことを気にかけてくれているのでしょう。

当会の支援霊《しえんれい》としてインドの神々が出てくることは、ほとんどないのですが、私が過去世《かこぜ》でインドにもかかわりがあったということで、そのような表彰を受けたのです。

4 霊界《れいかい》にインパクトを与《あた》える世界伝道

これから幸福の科学霊界ができてくる

このように、霊界《れいかい》は不思議《ふしぎ》な所であり、霊界には、仏《ほとけ》や神、高級霊《こうきゅうれい》と言われる人たちが、大勢《おおぜい》、住んでいます。

彼《かれ》らは、過去《かこ》、何千年、何万年にもわたって、いろいろな所で、宗教《しゅうきょう》を起こすなどの活躍《かつやく》をしています。そして、霊界にも、やはり、それぞれの宗教の世界があります。かつて地上で人々を指導《しどう》した人たちが、あの世でまた、自分たちを信仰《しんこう》している人々を受け入れて指導し、一つの村や町をつくっているのです。

幸福の科学は、新しい宗教であり、まだ信者のごく一部しか亡《な》くなっていないので、これから幸福の科学霊界ができてくるのでしょう。

地上で信仰を持つということは、一つの契約《けいやく》ができたことを意味します。地上で、ある宗教に対する信仰を持つと、死んだあと、その宗教がつくっている霊界に行くことになります。

そして、その霊界に関係している仏や神、高級霊たちが、死後の世界においても信者たちを指導します。あの世で面倒《めんどう》を見て、さらには、次の転《てん》生《しょう》の計画などについても指導をするのです。

そのように、あの世でも、ある程度《ていど》、霊的な磁場《じば》が分かれていて、だいたい、その霊界のなかで転生輪廻《てんしょうりんね》をしているのです。

ただ、最近は、やや国際化《こくさいか》してきており、相互《そうご》につながりを持とうとする傾向《けいこう》が出てきています。

幸福の科学の場合は、かなり横断的《おうだんてき》に、いろいろな所までつながっていこうとしている雰囲気《ふんいき》があり、あの世の霊界のほうでも、かなり有名になってきつつあります。

幸福の科学は、その思想どおりの、本来の使命《しめい》を果《は》たさなければいけません。インド霊界では認《みと》めてくれたようなので、近いうちに中東《ちゅうとう》やアフリカなどの霊界でも認めてもらわなければいけません。やはり、その辺の所まで指導する原理を持っていなければいけないでしょう。

アジア系《けい》の霊界では、わりあい早く認めてくれるかもしれませんが、欧《おう》米系《べいけい》の霊界では、まだ、歴史的に累積《るいせき》しているものがけっこういろいろとあるので、もう少し時間がかかるのではないかと思います。

この世とあの世は同時進行で変化している

いま、幸福の科学は、この世で、さまざまな建物《たてもの》を建て、伝道をし、教えを広げていますが、あの世でもまた広げていこうとしています。

霊界には、歴史的に何百年も何千年もの隔《へだ》たりのある人たちが、いろいろなかたちで住んでいるので、そういう人たちに新しいものを浸透《しんとう》させていくのは、非常に難《むずか》しいところがあります。

ただ、この世とあの世とは、かなり相関《そうかん》し、連動《れんどう》していて、同時進行で変化しています。

平安《へいあん》時代に恵心僧都源信《えしんそうずげんしん》が『往生要集《おうじょうようしゅう》』に書いた、あの世物語、地獄絵《じごくえ》などの世界は、いまはもう、そのままずばりではありません。現代人《げんだいじん》が多数あの世に還《かえ》り、新しい霊界をつくっているので、ずいぶん変化しています。そして、新しい霊界、新しい村ができてくると、それを見て隣近所《となりきんじょ》の霊界も変わってきます。

そのように、いま、霊界は、さまざまなかたちで変化を起こしつつあるのです。

幸福の科学は、まだ日本が活動の中心なので、やはり日本の霊界の部分が多いことは多いのですが、認識的《にんしきてき》には世界レベルの認識を持っています。霊界には、国レベルや民族《みんぞく》レベルでつくっている狭《せま》い霊界が数多くありますが、いま、そういう所へインパクトを与《あた》え、かなり揺《ゆ》さぶりを起こしつつあります。

現在《げんざい》、幸福の科学は、海外伝道、国際《こくさい》伝道を進めており、海外において、支部ができたり、翻訳《ほんやく》された書籍《しょせき》が出版《しゅっぱん》されたりして、幸福の科学の真理が広がりつつあります。それが一定以上に広がると、その地域《ちいき》にも幸福の科学の霊界ができます。

具体的《ぐたいてき》にどのくらいまで広がれば幸福の科学の霊界ができるかは、何とも言えませんが、ある程度《ていど》の人数の人が信じるようになれば、その地域に幸福の科学の霊界ができ上がってくるのです。

幸福の科学は、この世でも伝道していますが、霊界でも伝道を始めています。

たとえば、地上でキリスト教圏《けん》において伝道し、ある程度、幸福の科学の信者組織《そしき》ができてくると、霊界にも、それに応じたものができ上がってきます。そうすると、キリスト教の霊界のなかに、幸福の科学的原理を伝道するシンパ（支持者）の霊人《れいじん》たちも来ますし、地上の信者組織のほうから亡《な》くなった人も入ってきます。そして、周《まわ》りに広がっていきます。

イスラム教の霊界でも、同じようなことが始まっていきます。

そのようなことが、あの世でも、あちこちで起きつつあるのです。

本章の2節《せつ》で、「美の女神《めがみ》の世界は、この世のホテルの化粧品店《けしょうひんてん》のような所へ通じている」という話をしましたが、幸福の科学の本体部分のところで一つの大きな霊界ができ、そして、世界各地《かくち》に幸福の科学の支部や精舎《しょうじゃ》が建ち、その地域にも幸福の科学霊界ができると、そこへ自由に行き来できるようになり、広がっていく感じになるだろうと思います。

その意味では非常《ひじょう》に楽しみです。

宗教《しゅうきょう》文化のイノベーションを

私の使命のなかには、「地上の宗教の近代化」ということのほかに、もう一つ、「霊界の近代化」ということもあります。

二千年前、三千年前、あるいは、それ以上前の宗教に基づく、霊界観や、この世での生活様式、文化が数多くあります。そういう古くなったものを、新しいものと入れ替《か》えていき、霊界の刷新《さっしん》と、この世における宗教文化のイノベーションを行い、新しい生活に合った姿《すがた》に変えていくという、大きな使命を私は持っているのです。

近代以降《いこう》においては、「教会から離脱《りだつ》する。すなわち、教会が何でも決める世界から、科学を突破口《とっぱこう》として合理主義《ごうりしゅぎ》の世界へ脱出《だっしゅつ》する。宗教から離《はな》れれば離れるほど、近代化し、現代化してくる」という流れが一方にありました。「宗教は古代のもので、科学は近代のもの」という考えがあったわけです。

しかし、「そういうものでもなかろう」ということで、幸福の科学は、新しい時代の生活様式に合わせた宗教様式、宗教文化をつくり、宗教と科学を融合《ゆうごう》させていこうとしているのです。

したがって、この世もあの世も、刷新していくべきところは刷新していかなければなりません。幸福の科学は、そのような使命を帯《お》びて活動しているのだということを知っていただきたいのです。

「宗教は必ずしも古代返りをするものではないのだ」ということです。私は、「イスラム教は少し変えていかなければならない」と何度も述《の》べていますが、インドもそうです。インドは、古い宗教が強すぎるのです。古い宗教があまりにも頑張《がんば》りすぎていて、国を現代化するのが少し難《むずか》しい面があります。

インドでは、象《ぞう》の頭をしたガネーシャという神を祀《まつ》ったり、リンガ崇拝《すうはい》という、性器信仰《せいきしんこう》のようなことをしたりしています。日本で言うと、古代信仰に近いものであり、昔《むかし》の蛇神《へびがみ》信仰や、神社の「木の叉《また》」信仰のようなものでしょう。そのようなことをまだ行《おこな》っている状況《じょうきょう》なのです。

しかし、宗教をそのようなものだと思うなら、やはり、それは違《ちが》います。「新しい宗教のかたちがあるのだ」ということを教えていかなければならないと私は考えています。

そういう意味で、「伝道し、幸福の科学の教線《きょうせん》を伸《の》ばしていくことは、いろいろなところに、思った以上の複合的《ふくごうてき》な影響《えいきょう》を与えるのだ」ということを、どうか知っていていただきたいのです。

幸福の科学は、霊界のほうにも、いま、インパクトを与え、変化を起こさせています。「地上と霊界は相互《そうご》に影響し合っている」ということも知っていただきたいのです。この世の人間の仕事が霊界を変えていく面もあり、この世でどういうものをつくるかによって、あの世も連動して変わっていくのです。

このような認識を持っていただければ幸《さいわ》いです。

あとがき

驚《おどろ》くべき内容であろう。信じがたいと言う人も多いであろう。だが、書かれている内容はフィクションではない。事実は事実、真実は真実。あなたは死ぬ前に、必ず本書を読んでおくべきだ。いな、人生のできるだけ早い段階《だんかい》で、本書を読んでおくべきだ。人間として、正しい生き方をするためにも、この内容を知っておく必要があるのだ。

拙著《せっちょ》『永遠《えいえん》の生命の世界』や『信仰《しんこう》のすすめ』（幸福の科学出版刊）も併《へい》読《どく》すれば、理解《りかい》は、さらに深まるであろう。

私は人類の教師《きょうし》として、再《ふたた》びこの世に天命《てんめい》をうけた。必ずや、あなたのもとに、この真実の教えが届《とど》くものと、信じてやまない。

二〇〇六年　三月

幸福《こうふく》の科学《かがく》グループ創始者兼総裁《そうししゃけんそうさい》　大川隆法《おおかわりゅうほう》

本書は左記の法話や質疑応答をとりまとめ、加筆したものです。

第1章　あの世への旅立ち　二〇〇四年四月二十七日説法
（「永遠の生命の世界」講義②）

第2章　死後の生活　二〇〇二年二月五日説法

第3章　霊界の不思議（質疑応答）

1　魂と霊の違い　一九八九年三月五日

2　生まれ変わりのシステムと人生計画　一九八七年五月四日

3　臓器提供者の魂の状態　一九九〇年十月七日

4　「個性か、憑依霊の影響か」の見極め方　一九九二年四月二十二日

5　詩人の魂の霊格　一九八九年三月二十九日

6　科学の進歩と魂修行のあり方　一九九〇年十一月十一日

7　転生輪廻と魂の進化　一九八九年五月二十八日

第4章　最新霊界事情　二〇〇四年一月二十八日説法

『霊界散歩』関連書籍

『太陽の法』（大川隆法 著　幸福の科学出版刊）
『永遠の法』（同右）
『神秘の法』（同右）
『永遠の生命の世界』（同右）
『信仰のすすめ』（同右）
『愛は風の如く』①～④　同右）

※左記は書店では取り扱っておりません。最寄りの精舎、支部・拠点・布教所までお問い合わせください。

『大川隆法霊言全集　第14巻　紫式部の霊言／ナイチンゲールの霊言／ヘレン・ケラーの霊言』（大川隆法 著　宗教法人幸福の科学刊）

『善川三朗の霊言――帰天説法』（①～④　同右）

霊界散歩《れいかいさんぽ》 ――めくるめく新世界へ――

2006年3月27日　初版第1刷
2025年4月1日　第5刷

著　者　大《おお》川《かわ》隆《りゅう》法《ほう》

発行所　幸福の科学出版株式会社

〒107-0052　東京都港区赤坂2丁目10番8号
TEL(03)5573-7700
https://www.irhpress.co.jp/

印刷　株式会社 研文社
製本　株式会社 ブックアート

落丁・乱丁本はおとりかえいたします

ISBN978-4-87688-544-2 C0014
装丁・イラスト・写真© 幸福の科学

大川隆法ベストセラーズ・霊的世界の真実

神秘の法

法シリーズ 第10巻

次元の壁を超えて

この世とあの世を貫く秘密が示され、あなたに限界突破の力を与える書。この真実を知ったとき、底知れぬパワーが湧いてくる。

1,980 円

復活の法

法シリーズ 第12巻

未来を、この手に

死後の世界を豊富な具体例で明らかにし、天国に還るための生き方を説く。ガンや生活習慣病、ぼけを防ぐ、心と体の健康法も示される。

1,980 円

死んでから困らない生き方

スピリチュアル・ライフのすすめ

この世での生き方が、あの世での行き場所を決める――。霊的世界の真実を知って、天国に還る生き方を目指す、幸福生活のすすめ。

1,430 円

エル・カンターレ 人生の疑問・悩みに答える 地球・宇宙・霊界の真実

シリーズ 第7弾

世界はどのように創られたのか。宇宙や時間の本質とは。いまだ現代科学では解明できない「世界と宇宙の神秘」を明かす 28 の Q ＆ A。

1,760 円

幸福の科学出版

大川隆法ベストセラーズ・死後、地獄に堕ちないために

地獄の法

法シリーズ 第29巻

あなたの死後を決める「心の善悪」

どんな生き方が、死後、天国・地獄を分けるのかを明確に示した、姿を変えた『救世の法』。現代に降ろされた「救いの糸」を、あなたはつかみ取れるか。

2,200円

地獄界探訪

死後に困らないために知っておきたいこと

自分が死んでからあとの世界まで考えると、この世でどう生きるべきかが分かる――。大川隆法総裁が霊界探訪をして解き明かした地獄の実態と悟りへの指針がここに。

1,760円

地獄に堕ちた場合の心得

「あの世」に還る前に知っておくべき智慧

身近に潜む、地獄へ通じる考え方とは？ 地獄に堕ちないため、また、万一、地獄に堕ちたときの「救いの命綱」となる一冊。〈付録〉仏教学者 中村元・渡辺照宏の霊言。

1,650円

地獄の方程式

こう考えたらあなたも真夏の幽霊

どういう考え方を持っていると、死後、地獄に堕ちてしまうのか。その「心の法則」が明らかに。「知らなかった」では済まされない、霊的世界の真実が明かされる。

1,650円

※表示価格は税込10％です。

大川隆法ベストセラーズ・幸福の科学の基本的な教えを学ぶ

信仰の法

法シリーズ 第24巻

地球神エル・カンターレとは

さまざまな民族や宗教の違いを超えて、地球をひとつに──。文明の重大な岐路に立つ人類へ、「地球神」からのメッセージ。

2,200円

幸福の原点

人類幸福化への旅立ち

幸福の科学の基本的な思想が盛り込まれた、仏法真理の格好の手引書。正しき心の探究、与える愛など、幸福になる方法がここに。

1,650円

幸福の科学とは何か

初歩からの仏法真理

幸福の科学の教えを分かりやすく解説した入門の一冊。仏法真理の骨格となるテーマを八項目にわたって体系的に取り上げる(2024年8月改版第2刷)。

1,760円

新・心の探究

神の子人間の本質を探る

心の諸相、心の構造、浄化法、心の持つ力学的性質、心の段階、極致の姿など、人間の「心」の実像をさまざまな角度から語った、心の探究についての基本書(2023年10月改版)。

1,100円

※表示価格は税込10%です。

大川隆法ベストセラーズ・人生の目的と使命を知る

初期
講演集
シリーズ
第1〜7弾!

【各 1,980 円】

「大川隆法　初期重要講演集 ベストセレクション」シリーズ

幸福の科学初期の情熱的な講演を取りまとめた講演集シリーズ。幸福の科学の目的と使命を世に問い、伝道の情熱や精神を体現した救世の獅子《しし》吼《く》がここに。

1 幸福の科学とは何か
2 人間完成への道
3 情熱からの出発
4 人生の再建
5 勝利の宣言
6 悟りに到る道
7 許す愛

1

2

3

4

5

6

7
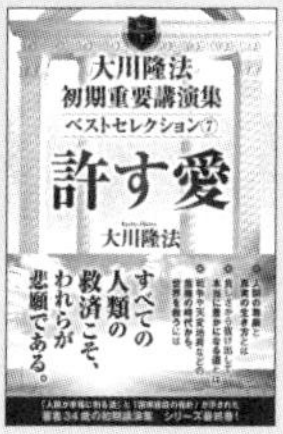

大川隆法ベストセラーズ・あなたを幸せにする「現代の四正道」

幸福の法

法シリーズ 第8巻

人間を幸福にする四つの原理

幸福の科学入門を真っ向から目指した基本法。愛・知・反省・発展の「幸福の原理」としての四正道について、初心者にも分かりやすく説かれた一冊。

1,980円

真理学要論

新時代を拓く叡智の探究

多くの人に愛されてきた真理の入門書。「愛と人間」「知性の本質」「反省と霊能力」「芸術的発展論」の全4章を収録し、幸福に至るための四つの道である「現代の四正道」を具体的に説き明かす（2024年10月改訂新版）。

1,870円

幸福の科学の十大原理（上巻・下巻）

世界179カ国以上に信者を有する「世界教師」の初期講演集。「現代の四正道」が説かれた上巻第1章「幸福の原理」を始め、正しき心を探究する指針がここに。

各1,980円

真実への目覚め

幸福の科学《ハッピー・サイエンス》入門

2010年11月、ブラジルで行われた全5回におよぶ講演を書籍化。全世界にとって大切な「正しい信仰」や「現代の四正道」の教えが、国境や人種を超え、人々の魂を揺さぶる。

1,650円

※表示価格は税込10%です。

大川隆法ベストセラーズ・主なる神エル・カンターレを知る

太陽の法

法シリーズ 第1巻

エル・カンターレへの道

創世記や愛の段階、悟りの構造、文明の流転等を明快に説き、主エル・カンターレの真実の使命を示した、仏法真理の基本書。25言語で発刊され、世界中で愛読されている大ベストセラー。

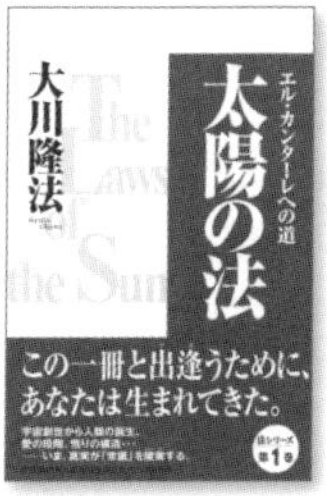

2,200円

メシアの法

法シリーズ 第28巻

「愛」に始まり「愛」に終わる

「この世界の始まりから終わりまで、あなた方と共にいる存在、それがエル・カンターレ」──。現代のメシアが示す、本当の「善悪の価値観」と「真実の愛」。

2,200円

地球を包む愛

人類の試練と地球神の導き

日本と世界の危機を乗り越え、希望の未来を開くために──。天御祖神の教えと、その根源にある主なる神「エル・カンターレ」の考えが明かされた、地球の運命を変える書。

1,760円

幸福の科学の本のお求めは、
お電話やインターネットでの通信販売もご利用いただけます。

フリーダイヤル **0120-73-7707** (月~土 9:00~18:00)

幸福の科学出版 公式サイト　幸福の科学出版　検索

https://www.irhpress.co.jp

幸福の科学グループのご案内

宗教、教育、政治、出版、芸能文化などの活動を通じて、地球的ユートピアの実現を目指しています。

幸福の科学

一九八六年に立宗。信仰の対象は、大宇宙の根本仏にして地球系霊団の至高神、主エル・カンターレ。世界百七十九カ国以上の国々に信者を持ち、全人類救済という使命の下、信者は、主なる神エル・カンターレを信じ、「愛」と「悟り」と「ユートピア建設」の教えの実践、伝道に励んでいます。

（二〇二五年三月現在）

愛

幸福の科学の「愛」とは、与える愛です。これは、仏教の慈悲《じひ》や布施《ふせ》の精神と同じことです。信者は、仏法真理をお伝えすることを通して、多くの方に幸福な人生を送っていただくための活動に励んでいます。

悟り

「悟り」とは、自らが仏の子であることを知るということです。教学《きょうがく》や精神統一によって心を磨き、智慧《ちえ》を得て悩みを解決すると共に、天使・菩薩《ぼさつ》の境地を目指し、より多くの人を救える力を身につけていきます。

ユートピア建設

私たち人間は、地上に理想世界を建設するという尊い使命を持って生まれてきています。社会の悪を押しとどめ、善を推し進めるために、信者はさまざまな活動に積極的に参加しています。

幸福の科学の教えをさらに学びたい方へ

心を練る。叡智《えいち》を得る。
美しい空間で生まれ変わる——

幸福の科学の精舎《しょうじゃ》

幸福の科学の精舎《しょうじゃ》は、信仰心《しんこうしん》を深め、悟《さと》りを向上させる聖なる空間です。全国各地の精舎では、人格向上のための研修や、仕事・家庭・健康などの問題を解決するための助力が得られる祈願《きがん》を開催《かいさい》しています。研修や祈願に参加することで、日常で見失いがちな、安らかで幸福な心を取り戻《もど》すことができます。

日本全国に27精舎、海外に3精舎を展開。

運命が変わる場所 ——

幸福の科学の支部《しぶ》

幸福の科学は1986年の立宗《りっしゅう》以来、「私、幸せです」と心から言える人を増やすために、世界各地で活動を続けています。全国・全世界に精舎・支部精舎等を700カ所以上展開し、信仰《しんこう》に出合って人生が好転する方が多く誕生しています。
支部では御法話拝聴会、経典学習会、祈願、お祈り、悩み相談などを行っています。

支部・精舎のご案内
happy-science.jp/whats-happy-science/worship

海外支援・災害支援

幸福の科学のネットワークを駆使し、世界中で被災地復興や教育の支援をしています。「HS・ネルソン・マンデラ基金」では、人種差別をはじめ貧困に苦しむ人びとなどへ、物心両面にわたる支援を行っています。

自殺を減らそうキャンペーン

毎年２万人を超える自殺を減らすため、全国各地で「自殺防止活動」を展開しています。

公式サイト　**withyou-hs.net**

自殺防止相談窓口

受付時間　火～土:10～18時（祝日を含む）

TEL　**03-5573-7707**　メール　**withyou-hs@happy-science.org**

ヘレンの会

公式サイト　**helen-hs.net**

視覚障害や聴覚障害、肢体不自由の方々と点訳・音訳・要約筆記・字幕作成・手話通訳等の各種ボランティアが手を携えて、真理の学習や集い、ボランティア養成等、様々な活動を行っています。

幸福の科学　入会のご案内

幸福の科学では、主エル・カンターレ　大川隆法総裁が説く仏法真理《ぶっぽうしんり》をもとに、「どうすれば幸福になれるのか、また、他の人を幸福にできるのか」を学び、実践しています。

入会　仏法真理を学んでみたい方へ

主エル・カンターレを信じ、その教えを学ぼうとする方なら、どなたでも入会できます。入会された方には、『入会版「正心法語《しょうしんほうご》」』が授与されます。
入会ご希望の方はネットからも入会申し込みができます。

happy-science.jp/joinus

三帰《さんき》誓願《せいがん》　信仰をさらに深めたい方へ

仏弟子としてさらに信仰を深めたい方は、仏《ぶっ》・法《ぽう》・僧《そう》の三宝《さんぼう》への帰依を誓う「三帰誓願式」を受けることができます。三帰誓願者には、『仏説・正心法語』『祈願文《きがんもん》①』『祈願文②』『エル・カンターレへの祈り』が授与されます。

幸福の科学 サービスセンター
TEL 03-5793-1727
（受付時間／火～金:10～20時　土・日祝:10～18時（月曜を除く））

幸福の科学 公式サイト
happy-science.jp

幸福実現党

日本の政治に精神的主柱を立てるべく、2009年5月に幸福実現党を立党しました。創立者である大川隆法党総裁の精神的指導のもと、宗教だけでは解決できない問題に取り組み、幸福を具体化するための力になっています。

幸福実現党　党員募集中

あなたも幸福を実現する政治に参画しませんか。

＊申込書は、下記、幸福実現党公式サイトでダウンロードできます。

住所：〒107-0052
東京都港区赤坂2-10-8 6階 幸福実現党本部
TEL 03-6441-0754　FAX 03-6441-0764
公式サイト hr-party.jp

HS政経塾

大川隆法総裁によって創設された、「未来の日本を背負う、政界・財界で活躍するエリート養成のための社会人教育機関」です。既成の学問を超えた仏法真理を学ぶ「人生の大学院」として、理想国家建設に貢献する人材を輩出するために、2010年に開塾しました。これまで、多数の地方議員が全国各地で活躍してきています。

TEL 03-6277-6029
公式サイト hs-seikei.happy-science.jp

ハッピー・サイエンス・ユニバーシティ

Happy Science University

ハッピー・サイエンス・ユニバーシティとは

ハッピー・サイエンス・ユニバーシティ（HSU）は、
大川隆法総裁が設立された「日本発の本格私学」です。
建学の精神として「幸福の探究と新文明の創造」を掲げ、
チャレンジ精神にあふれ、新時代を切り拓く人材の輩出を目指します。

人間幸福学部　経営成功学部　未来産業学部

HSU長生キャンパス TEL **0475-32-7770**
〒299-4325　千葉県長生郡長生村一松丙 4427-1

未来創造学部

HSU未来創造・東京キャンパス
TEL **03-3699-7707**
〒136-0076　東京都江東区南砂2-6-5

公式サイト **happy-science.university**

学校法人 幸福の科学学園

学校法人 幸福の科学学園は、幸福の科学の教育理念のもとにつくられた教育機関です。人間にとって最も大切な宗教教育を通して精神性を高めながら、ユートピア建設に貢献する人材輩出を目指しています。

幸福の科学学園

中学校・高等学校（那須本校）
2010年4月開校・栃木県那須郡（男女共学・全寮制）
TEL **0287-75-7777** 公式サイト **happy-science.ac.jp**

関西中学校・高等学校（関西校）
2013年4月開校・滋賀県大津市（男女共学・寮及び通学）
TEL **077-573-7774** 公式サイト **kansai.happy-science.ac.jp**

仏法真理塾「サクセスNo.1」

TEL 03-5750-0751(東京本校)

全国に本校・拠点・支部校を展開する、幸福の科学による信仰教育の機関です。小学生・中学生・高校生を対象に、信仰教育・徳育にウエイトを置きつつ、将来、社会人として活躍するための学力養成にも力を注いでいます。

エンゼルプランV

東京本校を中心に、全国に支部教室を展開。0歳～未就学児を対象に、信仰に基づく豊かな情操教育を行う幼児教育機関です。

TEL 03-5750-0757(東京本校)

エンゼル精舎

乳幼児を対象とした幸福の科学の託児型の宗教教育施設です。神様への信仰と「四正道」を土台に、子供たちの個性を育みます。

(※参拝施設ではありません)

不登校児支援スクール「ネバー・マインド」

TEL 03-5750-1741

「信仰教育」と「学業修行」を柱に、再登校へのチャレンジと、生活リズムの改善、心の通う仲間づくりを応援します。

ユー・アー・エンゼル!(あなたは天使!)運動

障害児の不安や悩みに取り組み、ご両親を励まし、勇気づける、障害児支援のボランティア運動を展開しています。

一般社団法人
ユー・アー・エンゼル

TEL 03-6426-7797

公益活動支援

いじめから子供を守ろうネットワーク

学校でのいじめをなくし、教育改革をしていくためにさまざまな社会提言をしています。
さらに、いじめ相談を行い、各地で講演や学校への啓発ポスター掲示等に取り組む一般財団法人「いじめから子供を守ろうネットワーク」を支援しています。

公式サイト mamoro.org　ブログ blog.mamoro.org

相談窓口 TEL.03-5544-8989

百歳まで生きる会 ～いくつになっても生涯現役～

幸福の科学

「百歳まで生きる会」は、生涯現役人生を掲げ、友達づくり、生きがいづくりを通じ、一人ひとりの幸福と、世界のユートピア化のために、全国各地で友達の輪を広げ、地域や社会に幸福を広げていく活動を続けているシニア層(55歳以上)の集まりです。

【サービスセンター】TEL 03-5793-1727

シニア・プラン21

【サービスセンター】TEL 03-5793-1727

「百歳まで生きる会」の研修部門として、心を見つめ、新しき人生の再出発、社会貢献を目指し、セミナー等を開催しています。

幸福の科学出版

大川隆法総裁の仏法真理の書を中心に、ビジネス、自己啓発、小説など、さまざまなジャンルの書籍・雑誌を出版しています。また、大川総裁が作詞・作曲を手掛けた楽曲CDも発売しています。他にも、映画事業、文学・学術発展のための振興事業、テレビ・ラジオ番組の提供など、幸福の科学文化を広げる事業を行っています。

アー・ユー・ハッピー？
are-you-happy.com

ザ・リバティ
the-liberty.com

THE FACT
YouTubeにて随時好評配信中！
ザ・ファクト
マスコミが報道しない「事実」を世界に伝えるネット・オピニオン番組
公式サイト **thefact.jp**

全国36局 & ハワイで毎週放送中！

ラジオ番組 天使のモーニングコール

天使のモーニングコール
毎週様々なテーマで大川隆法総裁の心の教えをお届けしているラジオ番組
公式サイト **tenshi-call.com**

幸福の科学出版 TEL **03-5573-7700** 公式サイト **irhpress.co.jp**

NEW STAR PRODUCTION

ニュースター・プロダクション

公式サイト **newstarpro.co.jp**

「新時代の美」を創造する芸能プロダクションです。多くの方々に良き感化を与えられるような魅力あふれるタレントを世に送り出すべく、日々、活動しています。

ARI Production

ARI《アリ》 Production《プロダクション》

公式サイト **aripro.co.jp**

タレント一人ひとりの個性や魅力を引き出し、「新時代を創造するエンターテインメント」をコンセプトに、世の中に精神的価値のある作品を提供していく芸能プロダクションです。